行为经济学入门

清晰思考、告别偏差的

83个知识

BEHAVIORAL ECONOMICS

贾润英 ▶ 著

中国纺织出版社有限公司

内 容 提 要

在传统经济学的视角下，人类被视为理性经济人，总能进行理性思考与行动，不会出现判断失误。然而，现实中的人并没有那么理性，经常会凭借直觉做决策，很容易盲目跟风或成为短期主义者……传统经济学无法解释人类的这些非理性行为，这样的处境促生了行为经济学。

行为经济学强调人类行为的复杂性与多样性，揭示了人类非理性行为背后的心理机制与社会影响。本书结合丰富的现实案例，精心挑选了83个知识点，生动展示了人们在面对金钱、风险、选择时的非理性行为，旨在帮助读者理解并克服在决策过程中常见的心理偏差，学会运用行为经济学的原理提升自我认知，优化决策策略，实现清晰、理性思考。

图书在版编目（CIP）数据

行为经济学入门：清晰思考、告别偏差的83个知识 / 贾润英著. -- 北京：中国纺织出版社有限公司，2025.5. -- ISBN 978-7-5229-2442-7

Ⅰ.F069.9

中国国家版本馆CIP数据核字第2025RV3933号

责任编辑：郝珊珊　　责任校对：寇晨晨　　责任印制：储志伟

中国纺织出版社有限公司出版发行
地址：北京市朝阳区百子湾东里A407号楼　邮政编码：100124
销售电话：010—67004422　传真：010—87155801
http://www.c-textilep.com
中国纺织出版社天猫旗舰店
官方微博 http://weibo.com/2119887771
鸿博睿特（天津）印刷科技有限公司印刷　各地新华书店经销
2025年5月第1版第1次印刷
开本：710×1000　1/16　印张：13.5
字数：143千字　定价：58.00元

凡购本书，如有缺页、倒页、脱页，由本社图书营销中心调换

前 言
PREFACE

假设有两个玻璃罐，A罐里有100片花瓣，其中红色花瓣91片，白色花瓣9片；B罐里有10片花瓣，其中红色花瓣9片，白色花瓣1片。

五个人一组，在遮蔽视线的情况下，轮流从罐子中抽取一片花瓣（A罐和B罐任选其一），最先抽到白色花瓣的人，可以获得一份丰厚的奖品。

假设你是第一个抽花瓣的人，你会选择从哪一个罐子里抽？

现在，请带着你的答案，一起看看结论吧！

实验结果显示，有超过60%的人会选择A罐，但这并不是一个理性的决策。

A罐中有100片花瓣，白色花瓣有9片，抽到的概率是9%；B罐中有10片花瓣，白色花瓣有1片，抽到的概率是10%。所以，从B罐中抽到白色花瓣的概率更高！

传统经济学假设人总是进行理性思考与行动，可在现实生活中，人并没有想象中那么理性，比如：在路上看到1角钱懒得去捡，对微信群里5分钱的红包却抢得不亦乐乎；明知道减肥需要吃干净健康的食物，可走进快餐店还是忍不住选了薯条炸鸡套餐……经济学没办法解释人类的这些非理性行为，这样的处境促生了行为经济学。

偏差会导致我们误入歧途，但是偏离的方向并不是随机的。人类有时会陷入"疯狂"，可正如经济学家丹·艾瑞里所言："我们的非理性是可以预见的。"

行为经济学是一门研究人类非理性判断及行为的学科，它把经济学与心理学结合在一起，填补了传统经济学无法解释的空白领域，揭示了"非理性行为"背后的原因和规律。

尽管"非理性"会让我们在决策时产生一些偏差，但它也并非一无是处。人是有情感和自尊的，需求也有层次之分，想实现更好的激励效用，想提升工作的成就感，体验更多的幸福感，单纯依靠理性是行不通的，我们还要借助"非理性"的积极力量。

没有理性，人生很容易被错误填满；没有非理性，人生很难体验到快乐。人之所以为万物之灵，正是因为拥有这两种力量。我们不能任凭感觉行事，也不能盲目尊崇理性，内窥感性的终极诉求，洞察理性的底层规律，将两者巧妙地结合在一起，才能得出人生的最优解。

贾润英

2024 年盛夏

目录 CONTENTS

辑一 理性 vs 偏差
经济学上的"理性人"存在吗? 001

- 01 人在做决策时是完全理性的吗? 002
- 02 诺贝尔经济学奖,为何稀罕非理性? 005
- 03 为什么看起来简单的题不一定能做对? 007
- 04 猜一猜,隔壁老王是做什么工作的? 010
- 05 抛了9次硬币都是反面,下一次更有可能是正面吗? 013
- 06 三个朋友都脱单了,我也要去求幸运符! 016
- 07 立刻就能想到的东西,数量一定多吗? 018
- 08 为什么看中了一只股票不要急着下手? 021
- 09 为什么选择越多,我们反而越困惑? 023
- 10 人们为何习惯选择自己熟悉的商品? 026
- 11 为什么悉尼歌剧院用了16年才建成? 028
- 12 凭什么就你运气好,别人运气都不好? 029
- 13 玩游戏时使劲敲键盘,能提高命中率吗? 032
- 14 为什么越无知的人,越有迷之自信? 034
- 15 被黑心公司压榨,为何不肯离职? 036
- 16 为什么一旦开始怀疑邻居偷了斧子,就怎么看对方都像贼? 038

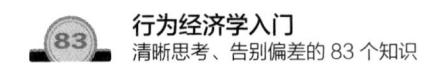

17	为什么越禁止的事情，越想去尝试？	041
18	内心的愿望是怎么把人"带偏"的？	043
19	为什么人们经常会"事后诸葛亮"？	045

辑二　风险 vs 偏好
为什么失去的痛苦大于得到的快乐？　047

20	人们为何会做出前后不一致的选择？	048
21	彩票的中奖率那么低，为什么还要买？	051
22	若能把风险降为零，你愿意支付额外费用吗？	053
23	吃自助餐时，惦记"吃回本"是什么心理？	055
24	为什么股民总是卖掉盈利的股票，持有亏损的股票？	058
25	同样是年薪 20 万元，为何有人欢喜有人愁？	061
26	为什么买彩票赢得的钱，花起来不心疼？	063
27	搁置不穿的衣服，想扔掉却又觉得可惜？	067
28	明知道改变现状有好处，为什么不改变？	069
29	为什么人们总是对免费的东西没有抵抗力？	071
30	为什么多数人无法拒绝眼前的诱惑？	073
31	高中低三种套餐，为何中间档最畅销？	076
32	费尽周折"开盲盒"，直接购买不好吗？	077
33	明明过程是痛苦的，为何回忆不痛苦？	079
34	为什么酒店很忌讳用某些数字？	081

辑三　预期 VS 选择
什么在悄然影响我们的想法与判断？　083

- 35　为什么雨天参加面试的学生得分更低？　084
- 36　提问方式变了，答案也会改变吗？　086
- 37　为什么不同国家的器官捐献率差别甚大？　090
- 38　有些东西不便宜，为何让人感觉很便宜？　092
- 39　为什么红色的价签会让人觉得便宜？　095
- 40　本来只想买一件，为何最后买了套餐？　096
- 41　为什么全额付款觉得贵，分期付款却可以接受？　099
- 42　为什么商品的价格不标成整数？　102
- 43　为什么人们愿意买下自己动手做的东西？　104
- 44　限量版的商品，为何总是遭到疯抢？　106
- 45　买了新房子，就要把家具全换新吗？　108
- 46　使用扫码支付后，你的花销增加了吗？　110
- 47　一个人能不能随心所欲地做决定呢？　112
- 48　他人在场会影响我们的购物选择吗？　113
- 49　为什么人们总想和多数人的行为保持一致？　115
- 50　总说下次不再这么做，为何下次还是这么做？　118
- 51　为什么见同事出手阔绰，自己就也咬牙买了贵的？　120
- 52　奢侈品那么贵，为什么还有人争相购买？　122
- 53　以为有了车会很开心，为什么结果也没那么开心？　124
- 54　刷直播下单的人，买的只是商品吗？　127

辑四 思考 vs 转化
如何清晰思考，提升决策质量？ 129

- 55 当信息扑面而来时，你会全盘接受吗？　130
- 56 警察因公牺牲的首要原因是什么？　134
- 57 怎样拍集体照才能实现没有人闭眼？　138
- 58 为什么经验预测不了未来？　140
- 59 "阿尔法狗"与人类的思维有何不同？　143
- 60 鱼和熊掌不能兼得时该怎么选择？　146
- 61 如何逃脱"二选一"的困境？　148
- 62 怎样避免陷入没有选择余地的"选择"？　151
- 63 如何与贪婪保持距离，避免成为最大的傻瓜？　153
- 64 数据很有说服力，那么它完全可信吗？　156
- 65 章鱼保罗的"精准预测"是怎么回事？　159
- 66 为什么"报忧者"的警告常常被低估？　161
- 67 如何打破路径依赖，超越惯性的力量？　164
- 68 陷入囚徒困境，怎样摒弃自私的心理？　166
- 69 你看到的事实，就一定是真相吗？　169
- 70 如何换个角度看问题，升级你的思维格局？　171

辑五 情感 vs 激励
非理性的存在，有积极意义吗？   175

- 71 越有钱越幸福，这是真的吗？　　　　　　　　176
- 72 为什么把钱用在他人身上更快乐？　　　　　　178
- 73 怎样让人们减少非道德的行为？　　　　　　　180
- 74 维系长久关系的秘诀是什么？　　　　　　　　183
- 75 渴望被关注的心理需求是病态的吗？　　　　　184
- 76 怎样提出请求更容易被接受？　　　　　　　　186
- 77 为什么高额奖金带不来持续的高业绩？　　　　188
- 78 怎样给面试官留下深刻的印象？　　　　　　　190
- 79 如何卖出自己真正想销售的东西？　　　　　　193
- 80 如何把趣味变成一种替代性的回报？　　　　　195
- 81 日久生情的科学原理是什么？　　　　　　　　197
- 82 为什么要把大目标切分成小目标？　　　　　　200
- 83 自私自利，完全是消极的吗？　　　　　　　　202

辑一
理性 VS 偏差

经济学上的"理性人"存在吗?

01 人在做决策时是完全理性的吗？

有限理性

绝大多数情况下，人们无法获得与决策相关的所有信息，且人类的大脑思维能力有限，任何人在一般条件下都只能拥有"有限理性"，无法做到完全理性。

传统经济学中描述的"人"，总是会进行理性思考与行动，不会出现判断失误。如果存在最佳方法，他们一定会毫不犹豫地选择那个最佳选项。然而，现实中的人是不是这样的呢？

有个故事叫"掩耳盗铃"，说的是春秋时候，晋国世家赵氏灭掉了范氏，有人想趁机到范氏家偷点儿东西。小偷进门后，看到院子里吊着一口做工精良的大钟，就想把它背回自己家去。这钟又大又重，不好移动，他思量了一番，决定把钟敲碎，再一块一块地搬回家。

小偷用大锤拼命地向钟砸去，结果发出了"咣"的一声巨响。小偷慌了，怕别人发现，就张开双臂扑到钟上，试图捂住钟声。可钟声怎么捂得住呢？小偷越听越害怕，不由自主地捂住了自己的耳朵。嘿，钟声竟然变小了！小偷很高兴，就用两个布团把耳朵堵住了，心想："这回谁也听不见钟声了！"接着，他就开始肆意地砸钟，结果被人抓了个现行。

每个人都是"理性人",会把各种因素全部考虑进去,得出一个最有利的结果,这一观点被视为传统经济学研究的前提条件。纵观小偷偷钟的全过程,他始终也在寻求自身利益最大化,可为什么他最终做出的决策与理性完全不沾边儿,甚至可以说是愚蠢至极呢?

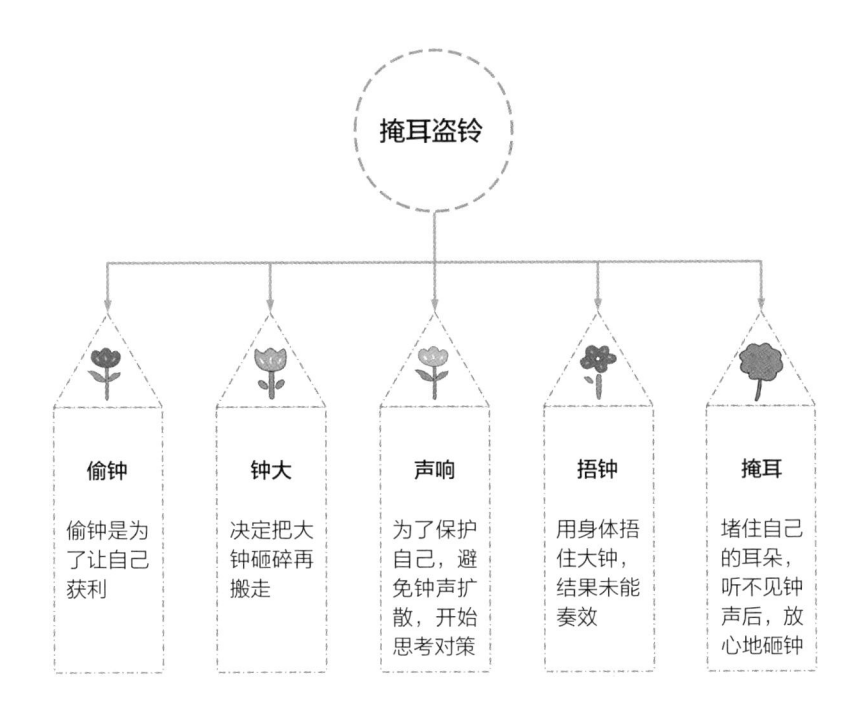

```
                    掩耳盗铃
     ┌──────┬──────┼──────┬──────┐
   偷钟    钟大    声响    捂钟    掩耳
   偷钟是  决定把  为了保  用身体  堵住自
   为了让  大钟砸  护自己, 捂住大  己的耳
   自己获  碎再搬  避免钟  钟,结果 朵,听不
   利      走      声扩散, 未能奏  见钟声
                   开始思  效      后,放心
                   考对策          地砸钟
```

传统经济学的观点,无法解释小偷掩耳盗铃的行为。

20世纪50年代之后,人们逐渐认识到,建立在"理性经济人"假设之上的完全理性决策理论只是一种理想模式,无法指导实际中的决策。美国计算机科学家、心理学家,决策理论学派的代表人物赫伯特·西蒙在《管理行为》中指出,要实现"完全理性"必须符合三个条件:

条件1:每一个人做决策时必须了解影响决策的每一个因素。

条件2：每一个人做决策时必须能够完全估计到每一种可能的结果以及发生的概率。

条件3：每一个人都有能力对每一种结果的偏好程度进行排序。

谁能保证在现实生活中做每一个决策时，都可以达到上述的三个条件呢？

恐怕无人能做到！这就意味着，任何人都不可能是完全理性的经济人，个体在现实生活中的各种经济行为必然会受到各种"非理性"因素的影响。认识到人是有限理性的这一事实，我们就可以理解许多与传统经济学原理相悖的生活现象了。

02　诺贝尔经济学奖，为何稀罕非理性？

行为经济学

行为经济学是对人类非理性判断及行为机制进行研究的一门科学，它试图在非理性中找到某些规律与趋势，并应用于日常生活中。

旧家具用了几十年都不舍得换，买了新房却将所有家具疯狂换新；明知道高热量的食物不利于减肥，还是忍不住去吃炸鸡薯条；买彩票的时候坚决不要随机号码，总觉得自己选的号更容易中奖……生活中的我们常常会做出这些"非理性"的决策。

为了解释人类行为与传统经济学理论的矛盾之处，行为经济学应运而生。

行为经济学是最贴近现实的经济学，既简单又有趣，它诞生于20世纪70年代中期，一般人对此了解得不多，可是诺贝尔经济学奖似乎对"非理性"偏爱有加。

2002年诺贝尔经济学奖授予了丹尼尔·卡尼曼，他凭借在心理学上的洞察力，震撼了主流经济学的主导地位。他认为，人类普遍是理性的，只是这种理性多少存在一些缺陷，人类在某些情况下会受到直觉的束缚，做出错误的判断或选择。

2013年的诺贝尔经济学奖授予了罗伯特·希勒，他因"非理性繁荣"而闻名，其成就之一就是将行为经济学概念引入传统金融领域。他认为，简单地对历史数据进行数学分析无法精准地洞悉市场，必须还要看到人们的心理活动对股票走势的影响。

2017年的诺贝尔经济学奖授予了理查德·塞勒，他认为完全理性的经济人不可能存在，人们的经济行为会受到有限理性、社会偏好、自控力缺乏等"非理性"因素的影响。当被问及要如何使用诺贝尔奖金时，塞勒依旧不忘"非理性"，他幽默地回应道："我会尽最大努力，用非理性的方式把这些钱花光。"

人生是由无数的判断与选择串联起来的，能否在不同的情境之下做出对自身最有利的决策，取决于我们的思考与认知。人类本质上是理性的存在，但这种理性不是绝对的，而是有限的。所以，我们往往会根据对环境的认知和自己的思维，做出自己认为满意的选择，但这个选择并不一定是效益最大化的选择。

行为经济学将心理学与传统经济学相结合，它可以让我们清晰地认识到，当心理因素构成决策行为的一部分时，人会发生怎样的变化，又会做出哪些与传统经济学相悖的不合理决策，从而帮助我们以较小的代价去无限地靠近"理性经济人"。

03 为什么看起来简单的题不一定能做对?

直觉思维

直觉思维是一种快速的、冲动性的思维,建立在个人直觉的基础上,不经过推理和分析的过程,可以迅速得出答案,但也极有可能产生错误。

棒球棍和棒球的价格加起来是 11000 元,棒球棍比棒球贵 10000 元,请问棒球多少钱?

你的答案是什么?大部分人给出的答案是 1000 元,和你想的一样吗?

请注意,这个答案是错误的!如果棒球是 1000 元,棒球棍比棒球贵 10000 元,那么棒球棍的价格就应该是 11000 元。这样的话,两者的价格加起来就应该是 12000 元。

所以,正确答案应该是 500 元!

如果你没有答对这个问题,不要沮丧和懊恼,也不必怀疑自己。这是心理学家丹尼尔·卡尼曼与决策专家肖恩·弗雷德里克在共同研究判断理论时,开发的一项认知反应测试。成千上万的美国大学生参加了这一测试。在一般的大学中,有 80% 的学生答错了这道题,即使是普林斯顿大学、麻省理工学院等知名大学的高才生们,正确率也没超过 50%。

我们是真的不会计算这道题吗?肯定不是!当正确答案被公布的那

一刻，多数人都会恍然大悟，立刻就知道自己错在什么地方了。可是，为什么刚刚看到这个问题时，我们未能按照数学逻辑推算出正确的结果呢？

丹尼尔·卡尼曼认为，人类的思维由两个系统构成，即系统 1 和系统 2。

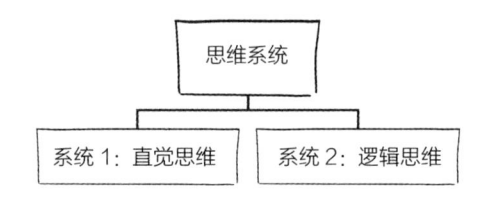

```
              思维系统
              ┌──┴──┐
        系统1：直觉思维   系统2：逻辑思维
```

系统 1 是直觉思维，即快速的思维，不经过推理和分析的过程。当我们陷入某种情境或某个问题中时，大脑会下意识地提取过往的经历，从中找寻可复用的方案；一旦搜寻到了类似的情境和问题，就倾向于直接复用当时的解决方案并停止继续思考。

系统 2 是逻辑思维，即缓慢的思维，是一种有条件、有步骤、有根据、渐进式的思维方式，它会结合以往的经验对系统 1 的反馈进行深思熟虑，由此掌握信息，做出判断。

当我们遇到"14×26"这一乘法算式时，可以在很短的时间内知道答案肯定不是 400 或 200，这是系统 1 凭借过往的计算经验告诉我们的信息。想要算出准确的答案，必须拿出纸笔，一步一步地进行运算并检验，最后才能确定结果是 364，这就是系统 2 进行的"慢思考"。

遗憾的是，大脑在处理信息时并不会直接使用系统 2；相反，它的默认状态是系统 1，总是对信息进行简单、快速、粗暴的处理，倾向于用最节省认知资源和能量的方式运作。

这是进化保留下来的生存机制，人类的大脑一天所需要的能量占总能量的20%，系统2的理性思考对大脑资源的消耗非常大，只要一动脑子，资源消耗就要增加10%~15%，而系统1的耗能极低。在远古时代，保存能量对于人类生存是必要的，为了更可能存活下来，大脑能偷懒就偷懒，能不动就不动。这种惰性本能和对认知资源的极度吝啬，使得人们在遇到问题时，总是习惯性地依靠直觉来思考，故而做出不少愚蠢的决策。

认识到这一点，我们就不难理解，为什么在面对"棒球棍与棒球"的题目时，即使是那些智力超群的高才生也会算错了，因为他们的大脑与普通人一样，每个人都是"认知吝啬鬼"。

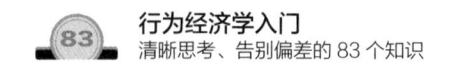

04 猜一猜，隔壁老王是做什么工作的？

代表性偏差

在不确定的情形下，人们往往会根据当前情境与过去经验的相似程度来进行判断或预测，忽略了其他可能的因素或变量。

根据下面的这些描述，请你猜一猜，隔壁老王最有可能是做什么工作的？

老王的智商很高，但缺乏真正的创造力。他喜欢按部就班，把所有事情安排得井井有条。他写的文章枯燥无趣，偶尔会闪现一些俏皮的双关语和科学幻想。他喜欢竞争，不太关注他人的感情，也不喜欢与人打交道；他一向以自我为中心，但也有很强的道德感。

选项 A：管理者

选项 B：教师

选项 C：医生

选项 D：律师

选项 E：工程师

这个题目的原型是 1973 年心理学家丹尼尔·卡尼曼与行为学家阿莫斯·特沃斯基开展的一项名为"Tom.W"的实验。实验中，研究员描述了"Tom.W"的特征之后，让被试猜测他是哪个专业的学生。该实验的结果显示：绝大多数被试都认为"Tom.W"是工程系的学生。

你是不是也觉得，隔壁老王是一名工程师呢？毕竟，他太符合理工科男性的形象了！

人们经常会根据某事件在多大程度上具备特定范畴的代表性特征，来预测当前事件发生的可能性。这种方式叫作代表性启发，是人们在做出判断或决策时经常使用的一种认知捷径。

在很多情况下，代表性启发是一种非常有效的方法，可以帮助人们简化认知过程，迅速抓住问题本质，推断出结果。不过，依靠这种捷径得出的结论不一定都是正确的，当判断基于刻板印象或表面相似性，而不是准确的概率和数据时，就很容易造成偏差。

A先生刚刚拿到驾照，想买一辆二手车磨炼车技。不过，他对汽车的性能并不是很了解，在挑选汽车的时候，他特别留意车子的外观和内饰，看看是否有划痕，是否干净整洁。按照以往的认知经验，干净意味着"新"，他凭借这一表象特征精挑细选了两天，最后选了一辆自认为很理想的汽车。

然而，没过多长时间，这辆车就出现了异响，而且油耗特别大。修车行的人员告诉A先生，这辆车之前被撞过，车身上的漆是后来喷的。此时，A先生才幡然醒悟，原来挑选汽车不能只看表面的新旧，外观和内饰都是可以精心处理的，不能作为判断车况好坏的依据。

A先生买车时的这种误判，就是代表性启发式偏差所致。

与此相比，更为常见的情形是以貌取人：如果一位男性身材瘦长，戴着一副眼镜，穿着整洁的西装走进地铁。你认为，他是一名公司职员，还是一名驯兽师？

多数人可能都会认为，他是一位上班族。因为这样的穿戴打扮太符合公司职员的形象了，且地铁里的上班族比驯兽师要多出成百上千倍。然而，这一定是事实吗？

当然不是。驯兽师也可以为了出席某些重要的活动，穿上整齐的西装。

这些现象都提醒我们，在生活中要对全新的、不确定的事物保持怀疑态度，不能轻易根据表面特征或单一信息判断。

05 抛了9次硬币都是反面，下一次更有可能是正面吗？

赌徒谬误

人们错误地认为，一个随机事件发生的概率，会随着之前没有发生该事件的次数增加而增加。

心理学家曾邀请40位博士参加一个实验：

实验的内容很简单，让被试玩100局简单的电脑游戏，这款游戏获胜的概率是60%。研究员给每一位被试发了1万元游戏资金，告诉他们每一局游戏可以自由下注。猜猜看，直至实验结束时，有多少位被试赚到了钱？

很遗憾，40位参加实验的博士中，只有2个人在游戏结束时，剩下的钱比原来的1万元要多，只占总人数的5%。事实上，如果他们每次都以固定的100元下注的话，完全可以在游戏结束时拥有1.2万元。

研究员发现，这些被试倾向于在不利的情况下投入更多的赌注，而在有利的情况下投入更少的赌注。假设前三局他们都输了，且每次下的赌注都是1000元，那么手里的钱就减少到了7000元。他们会想："既然已经连续输了三局，且有60%概率可以赢，那么这一次肯定是赢的机会。"于是，他们就会加大筹码，直接下注4000元，结果再次遭受损失。此时，他们的赌注就只剩下3000元了，再想把钱赚回来就难了。

人们总是错误地认为，随机序列中一个事件发生的概率与之前发生的事件有关，即其发生的概率会随着之前没有发生该事件的次数增加而增加。这种认知偏差叫作赌徒谬误，因为现实中的赌徒们在连续输了多次以后，总觉得下一次肯定会赢，结果输个精光。

现在，我们借由抛硬币的情形来剖析一下赌徒谬误：

当我们抛硬币时，出现正面和反面的概率均为50%。这个数据意味着，至少通过成千上万次，甚至是更多次的实验收集到的概率是50%。每一次抛硬币都是独立微观的随机事件，连续几次事件之间不具有相关性。所以，仅仅抛10次硬币，不一定会出现5次正面和5次反面。

当抛了10次硬币，有9次都是反面时，人们往往就认为，第10次出现正面的可能性更大。因为人们潜意识里觉得，10次都是反面的巧合不太可能发生！实际上呢？硬币抛出正反面的概率，并不会因为抛硬币次数的增加而发生任何改变！即使连续抛出了10次反面的概率极小，但也不是完全不可能发生！

抛一次硬币是一个随机事件，再抛一次又是另一个随机事件，第二次的结果并不依赖于第一次的结果，两者之间是没有关联的。这就好比，一对夫妻接连生了3个女孩，他们总觉得第4个孩子是男孩的概率会增大。实际上，第4个孩子是男或女的概率依旧是各占50%，并不会因为前面3个都是女孩而发生任何改变。

无论是买彩票还是玩游戏，如果连续几次都没有中奖或通关，也不要幻想着"下一次就会不一样"。每一局的中奖率和输赢率都是一样的，彩票机和游戏软件没有记忆，更没有怜悯之心，不会因为你"输"的次数多了就给你更多胜出的机会，要学会独立地看待每一件事的概率，切忌根据前面事件的状况去推断后面事件的结果。

06 三个朋友都脱单了,我也要去求幸运符!

小数定律

人们经常会根据少量信息做判断,忽略样本数量不足可能导致的误差与不确定性。

"哇,8个人连续每天喝青汁,其中5个人瘦了6斤!这减肥效果也太好了吧?不行,我也要去买青汁,争取月瘦8斤!"

"跟你说,我有3个朋友在求了'幸运符'之后,全都顺利脱单。以前我也是不相信的,没想到真的很灵验,你要不要跟我一起?"

8个人里有5个人喝青汁后瘦了6斤,3个人求了"幸运符"之后脱单,能不能证明青汁有减肥功效或"幸运符"能换来好姻缘?不能!我们只能视之为偶然事件。

暂且不谈"幸运符"的迷信嫌疑,仅从调查对象的人数上看,以"5个人"和"3个人"作为统计样本实在太少,这也意味着实验次数远远不够。只不过,在喝青汁减肥的实验中,"5/8"的比例有很强的冲击力,很容易诱导人们相信错误的概率。这种即使在样本数量较少的情况下,也根据概率做出判断的现象,被称为小数定律。

前面提到过,抛硬币时出现正面和反面的概率均为50%,这一数据是通过成千上万次的实验收集到的概率,不是说仅抛10次硬币就一定能出现 5 次正面和 5 次反面。人们之所以会犯赌徒谬误，就是因为过分坚信小数定律，即使样本量很少（抛 10 次硬币），也认为它能代表总体性质（正反面出现的概率各占 50%）。

假设你在网上看到了这样的一则信息：某项关于胃癌发生率的调查显示，在取样总数为 300 人的农村地区，胃癌发生率要高于城市。面对这一结果，有些网友评论说："肯定是因为农村地区吸烟饮酒的情况比较多，且医疗条件不完善。"你怎么看待这一问题？

了解小数定律之后，你就会知道，事实并非如此。正因为调查的农村人群样本数量过少，才出现了上述的极端结果。至于网友们的评论，那是由另一个认知偏差（确认性偏差）所致，人们总是倾向于寻找理由去说服自己相信错误的概率。

07 立刻就能想到的东西，数量一定多吗？

易得性偏差

人们往往会根据联想具体事例的难易程度，判断事物出现的频率和概率。

请思考一下：首字母是 r 的单词，与第三个字母是 r 的单词，哪一种数量更多？

对于这个问题，多数人是这样得出答案的：分别联想符合两个情况的具体单词，接着脑海里会逐一浮现 red（红色）、right（正确）、rule（规则）、rain（雨）等首字母是 r 的单词，却想不起来第三个字母是 r 的单词，继而就推测出"首字母为 r 的单词数量多"。

这是心理学家丹尼尔·卡尼曼和阿莫斯·特沃斯基设计的一项实验，有 2/3 的被试认为"首字母是 r 的单词数量多"。实际上，"第三个字母是 r 的单词"数量更多。

由于记忆力或知识的局限，人们在形成判断的过程中，往往会赋予那些易见的、容易记起的信息过大的权重，而对大量的其他必须考虑的信息"视而不见"，仅仅基于易见的、容易记起的信息来判断事情的可能性，而不是用统计学知识去思考问题，这叫作易得性偏差。

丹尼尔·卡尼曼和阿莫斯·特沃斯基在《不确定状况下的判断：启

发式和偏差》中写道:"人们会通过评估可用性或联想距离来估计概率。经验告诉我们,频繁发生的事例比不太频繁的事例更容易回忆起来,可能发生的事比不可能发生的事更容易想象,当两件事经常同时发生时,这两件事的联想联系就加强了。例如,人们会通过回忆熟人的离婚案来评估一个特定社区的离婚率。在这种情况下,对事件概率的评估是通过对可用性的评估来实现的。"

绝大多数情况下,轻松浮现在我们脑海里的事例都是自己看到过或听说过的。但是,越容易想到的事情,数量就越多吗?这种经验并不完全准确,当联想具体事例的难易程度与其数量的多少不一致时,我们就会因为易得性偏差而产生错误的判断。

美国发生"9·11"事件以后,很多美国人在心理上都受到了冲击,对飞行感到恐惧,宁愿开车以避免坐飞机。根据德国教授格尔德·吉仁泽的计算,在"9·11"事件之后的一年内,人们为了避免飞行而选择坐汽车出行,导致1595个美国人为此丧命。

另一篇相关研究报告估算:如果每个月有一架飞机被恐怖分子劫持并坠毁,假设一个人每月乘坐4次飞机,那么乘坐飞机死亡的概率是1/540000;如果每年有一架飞机被劫持并坠毁,那么坐飞机死亡的概率是1/6000000。然而,在美国公路上开车,因车祸死亡的概率是1/7000,远远高于飞机被恐怖分子劫持并坠毁的概率。

为了避开一件事,结果却选择了客观上风险更大的事,这就是易得性偏差导致的非理性决策。要避免易得性偏差,需要不断学习,扩大易

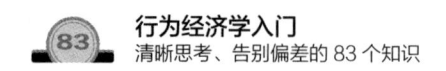

得性信息的知识面，拓展认知的广度；同时做到反复质疑提问，进行证伪思考，如：我会想到它，是不是因为我对它比较熟悉？是不是最近发生的某件事影响了我的判断？我的想法是不是受新闻媒体的影响？

08 为什么看中了一只股票不要急着下手？

无意识视盲

人们将注意力集中在某一个事物上时，就会忽略那个事物之外的东西。

1990年，哈佛大学心理学系助理教授丹尼尔·西蒙斯，与研究生克里斯托弗·查布利斯共同设计了一个实验——"看不见的大猩猩"。

被试是一群来自哈佛大学的学生，研究员提示他们，接下来他们会看到一段篮球比赛的视频，他们要完成的任务是仔细观察穿白色衣服的运动员传了多少次球。然而，待视频播放完毕后，研究员却问了另一个问题：你们看见球员之间走过了一只大猩猩吗？

啊！怎么会有大猩猩呢？不可能吧！有50%以上的被试表示，他们没有看到大猩猩。这个实验重复了很多次，结果都是一样的。有趣的是，当被试们带着这个问题回看视频时，他们惊讶地发现，打篮球的人群中竟然真的有一只大猩猩穿过，且在镜头前停留了8~9秒，而他们竟然都没有发现！

人的注意力是有限的，无法同时注意到所有呈现的刺激，只能有选择地注意某一刺激，忽视环境中同时出现的其他刺激，西蒙斯与查布利斯把这种现象称为"无意识视盲"。换句话说，人只能看到自己想看

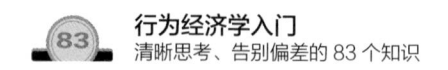

到的。

看看下面的这些场景,是不是觉得很熟悉?

○ 商场的地上有一块冰激凌,顾客把视线放在了旁边的店铺上,结果踩到冰激凌滑倒了。

○ 乘客踏上公交车忙着找座位,没看到坐在第一排的人竟是自己的同事。

○ 开车时候看手机、打电话,没看到前面有车并线,就撞了上去。

○ 理财产品都有风险提示和免责声明,可是很多人压根就没有看过,他们把焦点全都放在了收益、发行商和锁定期上。

无意识视盲经常出现,但人们很少留意,只有在发生事故或损失时,人们才会看见那只一直存在却被忽视的"大猩猩"。知道"无意识视盲"的存在,可以让我们更理性地看待一些问题,因为我们认定的事实,很多时候只是选择性关注的结果。

特别是在投资领域,如果你看中了一只股票,千万不要急着下手,你对它感到满意是因为你看到了有关它的各种利好信息。此时,你应当转移一下注意力,特意查一查它的利空信息,看看那些不支持这只股票的反对派是什么观点。如此,你才能对这只股票有一个客观、全面的认识,避免做出非理性的决策。

09 为什么选择越多,我们反而越困惑?

决策瘫痪

选择过多会妨碍人们做出决策,还会让人产生一种错觉,误认为选错的风险更高。

人在什么时候最幸福?西方工业社会有一个笃信不疑的信条:人们的选择越多,自由就越大;自由越大,人们就越幸福。然而,事实真的是这样吗?

身处在这个物质丰盈的时代,数不尽的饕餮美食、应有尽有的生活用品、方便快捷的电子产品,以及看不完的海量信息,选择空间几乎是无限的,我们有没有感觉更幸福呢?说起来有些矛盾,过多的选择带给我们的并不是自由与畅快,而是无所适从的困惑,以及动不动就冒出来叨扰平静的懊悔。

网红甜品店的门口排着十几米长的队伍,人们皱着眉头,原地踱步,靠刷手机打发等待的时间。轮到苏珊小姐来选购了,看着橱窗里的提拉米苏、芒果慕斯、草莓奶酪蛋糕、巧克力酥……她实在不知道该选哪一个。她的目光不时地扫向自己身后的人,看出了他们的焦急和不耐烦,似乎是在嫌弃自己的"磨磨叽叽"。

苏珊小姐心里涌上了一点惭愧,可她真的难以决定。最后,她勉强选了一款爆浆巧克力欧包。当她吃着苦涩、黏糊糊的巧克力时，试图忽略内心与味蕾上的不适感。是的，她觉得自己又一次做了错误的决定，也感觉自己又错过了"更好的选择"。

你可能会想，有什么关系呢？只是一款蛋糕而已，下次还有机会！

没错，选择品尝哪一款蛋糕或是观看哪一部话剧，都是一些不太重要的决策，成本不高，风险有限，不会产生太大的影响。然而，这种困境却不只出现在甜品店和剧院，它也会出现在个人与家庭的重要问题上——买房、孩子教育、报考专业、做哪份工作、选哪只股票、要不要跳槽……面对这些重要的决策，权衡利弊是应该的，谨慎为之也没错，可若总是纠结徘徊，迟迟不知道该怎么选择，就会引发另外的问题，要么错失良机，要么后悔莫及。

为什么我们会陷入"决策瘫痪"之中？

心理学家希娜·艾扬格曾经做过一个实验：让被试免费品尝6种或24种果酱，试吃过后再决定是否进行购买。结果显示，有60%的人停留在摆放24种果酱的展台前，但只有3%的人选择了购买；有40%的人停留在摆放6种果酱的展台前，但有30%的人选择了购买。

在随后进行的一个更为严谨的实验中，研究员发现：从30种果酱中做出选择的人，选择满意度比那些从6种果酱中做出选择的人更低。

传统经济学认为，"选项越多越好，这样就能选出最好的那个"。然而，上述实验证明，选择过多并不会让人们感到更满意，反而会导致信息超载，增加更多后悔的机会。

信息过载是做出"非理性决策"的一个重要原因，因为信息增加不代表有效信息增加，当信息泛滥时，我们从中筛选出有效信息的成本就会增加，而真正需要的核心信息也更容易被超载的信息所遮蔽。那些没用的信息，反而可能被当成决策依据，导致我们做出非理性的决策。这就解释了，为什么在面对诸多选择时，人们总觉得"难以取舍"，即使做出选择也常常会陷入"我不知道为什么选了这个"的困惑中。

决策依赖信息，但并不代表信息越多越有利于做出正确的选择。当面对大量的信息时，我们一定要明确自己的核心诉求，以此为基础去筛选信息，这样可以有效地剔除无用信息，甄别出最重要的信息，减少决策失误。

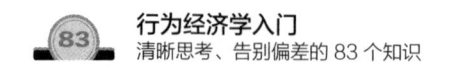

10 人们为何习惯选择自己熟悉的商品?

熟悉定律

人们更倾向于相信自己熟悉的东西,对自己不熟悉的东西往往会有负面的评价。

为什么在陌生的场合碰到熟人会让我们感到放松?

为什么无印良品连锁店总是循环播放同一首背景音乐?

为什么人们习惯选择购买自己熟悉的东西?

为什么我们对一个人或一个事物的态度会随着时间发生改变呢?

为了解释这些问题,20世纪60年代,社会心理学家罗伯特·扎荣茨做了一个实验:

邀请一群被试看一组照片,有些人的照片只出现了一两次,而有些人的照片出现了十几次、二十几次。之后,研究员让被试评价他们对照片的喜爱程度。

实验结果显示:出现次数越高的人,越受被试喜欢。相比那些只看过一两次的新鲜照片,被试明显更喜欢那些看过二十几次的熟悉照片。

人们倾向于相信自己熟悉的东西,社会心理学家把这种现象称为熟悉定律。

当我们走进商场，看到琳琅满目的商品时，往往第一眼就会看到自己熟悉的品牌和产品，或是之前购买过，或是在广告杂志上见过，抑或是在社交媒体平台看到一些博主推荐过，从而就更乐意选择购买这些东西。对那些没有听过、见过、使用过的东西，我们往往会心生迟疑：要不要试试呢？这东西到底好不好？

为什么人们如此喜欢自己熟悉的东西？

社会生物学家从进化的角度分析，人们有一种根深蒂固的倾向，认为熟悉的东西是安全的，不熟悉的东西是危险的；接触熟悉和安全的刺激，可以避免未知的、难以预测的刺激，提高生存和繁衍的概率。

11 为什么悉尼歌剧院用了 16 年才建成？

规划谬误

人们在规划项目时，经常会低估完成一项任务的时间和资源。

心理学家丹尼尔·卡尼曼与阿莫斯·特沃斯基研究发现，人们在估计未来任务的完成时间时，经常会低估任务的难度或是完成所需的时间，这种现象叫作规划谬误。

相关研究表明，无论是在学业任务上，还是在日常生活中，规划谬误都是普遍存在的，预估错误的概率为 20%～50%。

这种现象不只存在于个人身上，群体在协商估计任务的完成时间时也存在类似的问题。

比如，波士顿的"大开挖"高速公路建设项目，原本设想用 10 年时间完成，实际上却用了 20 年；悉尼歌剧院预计在 6 年内完成，实际上却花了 16 年！

我们之所以会预测错误，很大程度上是因为记错了之前完成实际任务花费的时间。要减少规划谬误的发生，最好的办法就是参考过去在相似情境下的行为花费了多少时间。这也提醒我们，平时进行任务或做某件事情时不妨准确地记录一下所用时间，以便作为将来的参照数据。

12 凭什么就你运气好，别人运气都不好？

过度乐观

人们对自己的未来会表现出非现实的盲目乐观态度，总以为好事与自己相伴的可能性高于别人。

20 世纪 80 年代，加拿大滑铁卢大学心理学教授、社会心理学家齐瓦·孔达认为，人们倾向于认为正面事情发生在自己身上的概率高于别人，而负面事件发生在自己身上的概率低于别人，这种认知偏差被称为"过度乐观"。

一项针对 22 种文化下的 9 万多人开展的研究显示，多数人对事物的看法都倾向于乐观。2000 年的一项调查研究显示，50% 左右的高中毕业生相信自己可以拿到研究生学历，而实际做到的只有 9%；在 2008 年全球性金融危机的背景下，研究者在世界范围内进行了一项民意调查，结果显示：大多数人预期未来五年，自己的生活会比过去的五年更好。

过度乐观会混淆积极的思考与不切实际的幻想，产生虚假控制的幻觉等负面结果，影响人们对事情的判断，甚至导致有的人在灾难临头之际，还认为一切安好，不采取必要的预防措施，耽误挽回的最佳时机，最终酿成大祸。

庞贝古城，一座辉煌于公元前4世纪的古城，坐落于意大利南部的那不勒斯周边，曾是古罗马帝国中仅次于首都的重要都市。然而，这座城市的命运在公元79年发生了翻天覆地的变化，一切繁华皆因维苏威火山的剧烈喷发而湮灭。

庞贝古城位于维苏威火山的东南方向，相距约10公里。维苏威是一座历史上曾引发无数猜测的活火山。公元初期，人们因著名地理学家斯特拉波的误判，误认为这是一座死火山，严重低估了它潜在的威胁。

公元62年，庞贝古城遭遇了一场强烈地震，众多建筑在震颤中倒塌。然而，庞贝的居民们并未因此感到恐慌，他们相信这只是暂时的困扰，生活很快会恢复如初。

17年后，即公元79年的8月，庞贝地区再次发生地震。这次地震——火山即将喷发的预警信号，并未引起大多数庞贝居民的足够重视，仅有极少数人选择了逃离这片即将陷入灾难的土地。几天之后，维苏威火山终于爆发，厚达5.6米的火山灰如洪水般倾泻而下，将庞贝古城彻底掩埋。

直至1748年，考古学家在挖掘过程中发现了被火山灰紧紧包裹的人体遗骸，才揭开了公元79年那场灾难的真相。通过对庞贝古城遗址的深入考察，人们发现，在灾难降临的那一刻，许多居民仍在从事着日常的活动，仿佛灾难的降临是如此的突如其来，以至于他们根本没有时间逃离。事实上，从火山开始喷发到火山灰覆盖全城，中间有足够的时间供人们疏散。遗憾的是，庞贝的居民们却选择了留在室内，未能把握住这最后的生机。

古语有云："不困在豫慎，见祸在未形。"

许多问题在发生之前，都会有一些预兆，但人们常常因为过度乐观，并未给予足够的重视，直到悲剧发生后才追悔莫及。过度乐观是一种非理性的幼稚与天真，冷静地思考一下，凭什么就你运气好而别人运气不好，这怎么可能呢?

13 玩游戏时使劲敲键盘，能提高命中率吗？

控制错觉

人们倾向于高估自己对外在事情的影响力，认为某些事情是受自己控制或影响的，但实际上这些事情可能与自己毫无关系。

等电梯时，不自觉地连续按压按钮，期盼着能让电梯加速到达；玩游戏时，用力敲击键盘，仿佛那份力量能召唤出胜利的奇迹；购买彩票时，偏爱亲手挑选号码，总觉得自己挑选的比随机生成的更容易中奖；参与抽奖活动时，不自觉地搓手呵气，好像这样做就能带来好运……这些行为真的有效吗？

从理性的角度来分析，多数人都知道这么做没什么用，但每当类似的场景重现，人们还是会不由自主地重复这些"小动作"。这些非理性行为的背后，其实是人们对掌控感的深切渴望，即便这种渴望更多时候只是一种心理慰藉。

人们倾向于系统高估自己对事件的控制程度，而低估随机、不可控因素在事件发展过程及其结果上的影响力。对于那些非常偶然的事，人们也总以为凭借自己的能力可以支配，这种认知偏差叫作"控制错觉"。

控制错觉的概念，是美国心理学家埃伦·兰格在 1975 年率先提出的。

埃伦·兰格认为，日常生活中的情境可以分为"技能"与"机会"两种：在技能情境中，个体的行为与结果是相关的；在机会情境中，行为与结果是无关的。

然而，当机会情境中出现了一些与技能情境相似的特征时，比如：竞争性、选择性、熟悉度、卷入程度等，人们就会忽视概率原理，倾向于将把结果的出现归结于自身的天赋及习得的技能，认为自己可以控制结果，产生控制错觉。

控制错觉的产生，是因为人们平常的生活都是由自己来支配的，从而就把这种错觉扩展到了偶然的事件上。这一定律提示我们，不要盲目相信自己的判断，要客观分析问题的成因，我们真正能够控制的远比自己想象的要少。

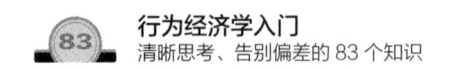

14 为什么越无知的人，越有迷之自信？

达克效应

越无知的人，越容易盲目高估自己的能力和水平，认为自己知道得多。

上学的时候，每次考试结束后都会上演这样一幕：平时成绩优异的学生，总是以自嘲的口吻说自己"考砸了"；而成绩不太理想的学生，反而满怀信心地认为自己"考得不错"。待到成绩公布后，前者的分数依然令人羡慕，后者则常常因为成绩远低于预期而沦为笑柄。

这种"反差"不仅体现在学业上，在生活的其他场景中也不乏其例。比如：有些人在餐桌上大谈健康养生之道，却可能对基本的营养知识一知半解；有些人对社会新闻事件发表激烈的看法，实则全是主观臆断，毫无逻辑可言。这种看似"无知者无畏"或"越不懂越自信"的现象，到底是因为当事人虚伪、自大，还是其他因素导致他们难以准确评估自己的能力？

1995 年，匹兹堡发生了一起令人啼笑皆非的银行抢劫案。

一名劫匪在没有任何伪装的情况下，连续抢劫了两家银行，甚至在离开时还对监控摄像头露出了得意的笑容。警方迅速将其捉拿归案，并展示了监控录像作为证据。然而，这位劫匪却坚称录像被伪造，原因是他认为自己使用了柠檬汁作为"隐形术"。他错误地认为，用柠檬汁书写的文字只有在遇到热源时才会显现，因此只要自己远离热源，就能保持隐形。

银行抢劫犯的这一荒诞想法不仅令人捧腹，也引起了心理学家的注意，特别是康奈尔大学的两位研究者大卫·邓宁与贾斯廷·克鲁格，他们以此为契机，深入探索了人们在自我评估方面的有趣现象，并提出了著名的"达克效应"。

达克效应是一种认知偏差，越有能力的人越会意识到自己的不足，越无知者越不知道自己欠缺某一种能力，故而沉浸在自我营造的、虚幻的优势中，总是自我感觉良好。大卫·邓宁和贾斯廷·克鲁格指出，人们对能力的认识也是需要能力的，无知的人根本就不知道自己欠缺某一种能力，所以他们总是自我感觉良好，有着"迷之自信"。

许多人存在一种错误的认知，总觉得在人前表现出自己不了解、不具备或不擅长某种领域的知识或能力，会显得很笨拙、很愚蠢，会遭人耻笑。其实不然，敢于承认自己的无知是一种开放的心态，更是智慧的开始。一个人暂时能力不足、缺乏经验没关系，最可怕的是自欺欺人，自以为聪明才是最糟糕的愚蠢。

15 被黑心公司压榨，为何不肯离职？

认知失调

当两种想法或信念在心理上不一致时，人们会产生一种紧张不适的情绪，为了减少这种不愉快的感受，就会自发地调整自己的想法。

L是一家科技公司的程序员，入职时公司承诺，只要他工作认真，每月可以拿到2.5万~3万的薪资。L对这份薪资很满意，斗志昂扬地开启了一场新的职业之旅。

关于工作的内容，L做起来得心应手，并不觉得吃力。唯一让他感觉不太适应的，是公司的工作时间有点儿长，每天晚上8点下班是最早的，经常要工作到10点。如果周末不加班，任务通常很难按时完成。L每天到家都要11点多，对其精力和体力是巨大的考验。

虽然拿到手的月薪不算低，可L心里很清楚，自己的工资至少有一半都来自"加班"，可公司对这一点只字未提。领导口口声声说，大家一定要注意身体，可在任务的安排上却永远都是"加急"，容不得放慢节奏。

在这样的环境下，其他人和L一样，也觉得压力大，认为公司是在变相地压榨员工。可即便如此，谁也不肯提离职的事。L安慰自己说："现在的工作不好找，企业肯定也有它的难处吧！况且，大家都在坚持，也不是我一个人如此。"他还经常在社交媒体上寻找共鸣，发现很多程序员都有类似的遭遇，内心也得到了一些宽慰。

L明知道自己在被公司压榨，为什么还选择留下来，并用各种理由说服自己呢？

1959年，美国心理学家利昂·费斯廷格提出了认知失调理论：人们倾向于寻求认知上的一致性，当两种想法或信念在心理上不一致时，他们通常会采取改变行为、调整信念或转移注意力的方式，来恢复认知上的一致性，缓解认知失调带来的不适。

现实中有不少人面临着和L一样的处境，一方面，他们深刻体会到工作环境的不公与压迫；另一方面，由于种种复杂的心理和社会因素，如对经济状况的担忧、对改变现状的恐惧、对自我价值的怀疑，以及对熟悉环境的依赖等，他们选择维持现状。这种矛盾的状态很容易引起认知失调，即在理智上明白自己应该离开，可在情感上却难以割舍。面对这种两难的困境，他们可能会用下面这些方式来安慰自己：

○ 合理化解释："眼下的情形是暂时的，毕竟市场环境不好……"
○ 比较心理："起码我还有份工作，比那些失业的人强多了！"
○ 寻求认同："很多同行都是这样的，不光是我一个人。"
○ 自我激励："我得给自己设定一个目标，保持积极的心态和做事的动力。"
○ 逃避现实："不想了，打几局游戏去……"

这些安慰方式能在短期内发挥一点效用，但终究不是解决问题的良方。对L来说，真正理性的决策是离开黑心企业，寻找更好的出路。只有勇敢面对问题，才能迎来真正的改变。

16 为什么一旦开始怀疑邻居偷了斧子,就怎么看对方都像贼?

确认性偏误

一旦人们形成了某种观点,就会倾向于接受能证实这种观点的信息,忽略或拒绝否认这种观点的信息。

20世纪60年代,英国心理学家彼得·瓦森在实验中发现:当人们测试一个规则是否为真时,往往只寻找那些能够证实他们预设的证据,而不是尝试找出可能推翻这一假设的证据,这种倾向被称为确认性偏误。

在繁华的华盛顿特区,有一位名叫畅斯的园丁,他生活在一座富丽堂皇的庄园内,与世隔绝,对书本知识一无所知,每天最大的乐趣便是看电视。电视成了他了解世界的窗口,塑造了他独特的世界观和行为模式。庄园的主人去世后,畅斯不得不走出这个小小的世界,面对真实的社会。

某天,畅斯穿着前雇主留下的昂贵西装,在街头偶遇了兰德夫妇。兰德夫人的豪华轿车不慎与畅斯发生碰撞,而畅斯那得体的举止和谈吐,让她误以为他是一位落难的贵族。当她询问畅斯的姓名时,他回答"园丁畅斯",但兰德夫人听成了"昌西·加德纳"。于是,畅斯被邀请至兰德家的豪宅。由于他优雅的着装、外表和言谈举止,所有人都把他当作了一位受过高等教育的上流社会顾问。

本杰明·兰德，曾作为白宫的一位资深顾问，在经济危机时期被总统委以重任，寻找解决之道。他偶然间发现了畅斯的特别之处，决定将他推荐给总统。在总统面前，畅斯展现出了超乎寻常的冷静和自信，尽管他对经济和政治并不了解。

　　当总统询问他关于刺激经济的建议时，畅斯以花园四季变换为例，提出了一个简单却富有哲理的"花园理论"。这一理论迅速走红，畅斯也因此成为电视脱口秀的常客。公众对他的"简单智慧"赞不绝口，认为他找到了解决复杂问题的新方法。后来，本杰明·兰德去世，畅斯则意外地继承了兰德家族的权势和财富，成为政客们争相拉拢的智囊。

　　这是1979年哈尔·阿什贝执导的喜剧电影《富贵逼人来》的情节，该片的灵感来自耶日·科辛斯基的同名小说。畅斯是一个头脑简单的老园丁，人们却因为他的绅士装扮和颇具教养的谈吐，误认为他是上流社会的精英。因为有了这种先入为主的观点，所以不管畅斯说什么，他们都会将其和"睿智"联系起来，以此来确认自己的观点。他们完全忽略了，畅斯就是一个什么都不懂、只会照顾花草的老园丁。

　　在现实生活中，一旦人们认定了某个观点，就会持续地、有选择地寻找证据来证明自己的观点是对的，同时有选择地忽略和无视那些反面的证据。回想一下"疑人偷斧"的故事：一个人怀疑邻居偷了自家的斧子，于是怎么看邻居都像是贼。直到有一天，他自己找到了斧子，此时再看邻居，怎么看都不像是贼了。这也是确认性偏误的一个典型例子，人们总是倾向于看见自己想看见的，相信自己愿意相信的。

　　确认性偏误是人们为了维护自己信念的需要而创造出来的思维陷阱，让人失去客观和理智而不自知，反而觉得自己的观点是最客观的。即使是记忆，也会被大脑的确认性偏误所影响，大脑会选择性地留下那些符合自身预判的记忆，而忘掉那些违背自有观点的信息。

某大学的研究员开展过一项与确认性偏误有关的实验：

他们邀请两组被试阅读同一本书籍，内容是一个名叫简的女人在一周内的生活。其实，简是研究员虚构出来的一个人物，她的性格时而外向，时而内向。几天以后，被试读完了关于简的书籍，研究员开始向两组被试提问。

A组被试要回答的问题：简是否可以做一名图书管理员？

B组被试要回答的问题：简是否可以做一名房产经纪人？

A组被试回忆，简是一个性格安静的女孩，很适合图书管理员的工作；B组被试回忆，简性格外向，很适合做房产经纪人的工作。随后，研究员问两组被试：简是否还适合做其他工作？两组被试都给出了否定的答案。

应对确认性偏误，需要我们保持开放心态与成长型思维，保持一颗好奇心，认识到自己有很多未知的东西要学习，也有一些已知的东西可能是错的，要通过不断学习和自我否定来升级迭代自己的认知。在制订决策之前，要主动寻找不同意见，全面分析对比，让自己保持客观理性的视角去做决策。

17 为什么越禁止的事情，越想去尝试？

心理抗拒

越是不让看的东西越想看，越是不让做的事情越想做。

当你命令孩子赶紧去写作业时，他可能会坐在那里不动弹，就像没听见一样；也可能会不耐烦地回到自己房间，但也不去学习。总之，即使他知道你是好心，也知道自己应该去写作业，可就是不想服从你的命令。

当你劝说老人不要听信谣言时，他可能会认为辟谣和你的劝解是在训斥他"没有主见"或"愚昧无知"。对此，他会摆出更加相信谣言为真的姿态或训斥你社会阅历尚浅，以此昭示自己是"自主的"或"明智的"。

当一段视频标注"禁止有心脏病的人观看"，人们往往会更感兴趣，想看看视频里的内容到底有没有那么可怕。同样，当某款受追捧的护肤品在线上商城显示"等待补货"或"限购1件"时，你是不是也会产生机不可失的想法，想要买下它呢？

上述的这些心理现象叫作"卡里古拉效应"，指的是当某种限制让人们感觉自主权或自尊受到威胁时，人们就会出现逆反或抗拒心理，产生想要夺回自由的想法或行为，比如强化被限制的想法，或采取被限制

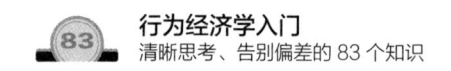

的行为。这一现象也被称为"心理抗拒"。

或许你早就意识到了，要让他人改变想法是很困难的；而现在你可能更加明白，为什么这件事会这么难了。因为心理抗拒的存在，人们很多时候就是会"明知故犯"，做出非理性的决策和行为。所以，无论是阻止他人做某些事，还是期待他人做某些事，切忌命令、警示和强迫，真正高明的策略是利用人们对自由的渴望，影响他们的选择。

心理学家曾经做过一个实验：询问路人能否帮忙填写一份简短的问卷。不过，问卷的内容并不是重点，重点是怎么提出请求。研究员使用了两种提问方法：

（1）直接询问对方能不能帮忙填写问卷。

（2）直接询问对方能不能帮忙填写问卷，但多加一句"你有拒绝的权利"，提醒对方有选择的自由。

结果显示，第一种问法的成功率是 75%，而第二种的是 90%。

由此可见，贴心地为对方保留选择的自由，比强迫对方去执行，可以赢得更多的认同。因为当你提醒对方可以说"不"时，等于在诱使对方产生心理抵抗。

18 内心的愿望是怎么把人"带偏"的?

愿望思维

当人们希望某个想法或概念是真的,往往就会相信它是真的。

凌子想要减肥,控制了几天饮食,也加强了运动,可体重数字却像是"固化"了一样纹丝不动。她很泄气,完全失去了靠饮食和运动减肥的信心。这个时候,朋友给她推荐了一款减肥咖啡,强烈建议凌子也试试。

凌子买了两盒咖啡,满怀期待地开启了她的减肥之旅。这款名为"减肥咖啡"的产品,并不像药物一样,吃了就能减轻体重,还要遵循它的低热量食谱。凌子按照食谱的要求,控制自己的进食量与进食的种类,第二天早上称体重,她开心地笑了,她竟然比前一天瘦了1.2斤!

凌子跟朋友分享心得:"这款咖啡真的很管用!"

真的是减肥咖啡发挥了效用吗?我们都知道,减肥的关键是制造热量差,即使不喝这款咖啡,按照低热量的食谱进餐,也一样可以降低体重。只不过,凌子心里先有了一个强烈的、隐藏的心愿——"这款咖啡能帮助我减肥",它主导了凌子的思考推理,而第二天上秤看到体重数字减少,又恰恰符合了她的愿望。所以,她就相信了体重减轻是这款咖啡的功劳。

大量事实和研究表明，人们在感知和理解信息的过程中，往往会无意识地加入主观成分，尤其是在对情况做判断时，很难完全摆脱主观意愿、偏爱喜好等因素的影响。以这样的思维方式分析判断情况、进行决策的现象叫作"愿望思维"。

通常来说，人们对希望出现的结果在心理和情感上寄托得越多，愿望思维的影响就越大。当人们无法理解或改变处境时，很容易掉进一厢情愿的思维陷阱，产生不切实际的期望或者做出糟糕的决策。

19 为什么人们经常会"事后诸葛亮"?

后视偏差

当事件结束后,人们倾向于认为自己事前就已经预见到事件的结果,忽略了事前的不确定性和缺少明确预测的事实。

《黑天鹅》的作者纳西姆·塔勒布说:"人类常会为过去的憾事编造牵强的解释,并信以为真,以此来蒙蔽自己。"

"我当时就猜到了,结果可能会很糟糕,只是没好意思说。"
"果然不出所料,他从一开始就没打算帮我这个忙。"
"你真的不应该让杰克去谈项目,客户对他的印象很糟糕。"
"当初你要听我的建议,就不会这样了!"

上面的这些话,你是不是在生活中经常听到,甚至自己也说过?

在某件事情发生之前,我们可能认为这件事发生的概率只有60%,可当这件事情发生后,我们却觉得自己当初的预测概率是80%!仿佛在这一结果发生之前,我们就已经做出了与事实相符的预测。那么,我们是不是从一开始就预测到了呢?

当然不是!谁也没有未卜先知的超能力,可以预知整个事件的走向。事后把自己置于先知的位置,认为自己"早知道会这样",这是一种"后

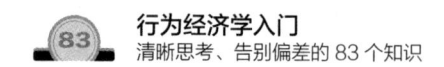

视偏差"。

之所以会出现后视偏差，是因为人们经常忽视显而易见的事情或常识，只有在知道事实后才会想起它的存在。后视偏差，实际上是站在当下的角度看过去，人们在回忆时很容易高估自己对事件的预见能力，从而产生认知上的扭曲。

辑二
风险 VS 偏好

为什么失去的痛苦
大于得到的快乐?

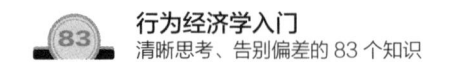

20 人们为何会做出前后不一致的选择？

确定性效应

相比可能会发生的概率性结果，人们更喜欢确定性的结果。

1952年，一群经济学家在法国汇聚一堂，共同参与了一场聚焦于风险议题的经济研讨会。这场盛会吸引了许多知名人物，其中包括保罗·萨缪尔森、肯尼斯·阿罗以及米尔顿·弗里德曼等享誉全球的诺贝尔经济学奖得主。

传统经济学中有一个预期效用理论，即人们在做决策时不仅会考虑到可能发生的不同结果，还会考虑到这些结果发生的概率，并且根据他们对这些结果的偏好来选择最佳的行动方案。在研讨会上，对"预期效用理论"持保留意见的经济学家阿莱，设计并实施了一项简短而富有启发性的测试，他询问在座的各位专家，面对下面的问题会做出怎样的选择。

题目1：

A. 获得52万美元的概率为61%。

B. 获得50万美元的概率为63%。

题目2：

A. 获得52万美元的概率为98%。

B. 获得 50 万美元的概率为 100%。

大部分的与会者在题目 1 中选择了 A，在题目 2 中选择了 B，就连崇尚预期效用理论的著名经济学家也给出了前后不一致的答案。

按照预期效用理论来说，如果人们在题目 1 中选择 A，那他们在题目 2 中也应该选择 A，因为两个题目的 A 选项的概率变化（61%→98%）与 B 选项中的概率变化（63%→100%）是一样的，选择 A 可以获得 52 万美元，选择 B 只能获得 50 万美元，按理说应该选择 A，可是多数人却选择了 B，有违理性选择的规则。

经济学中的预期效用理论认为，一个人的偏好应该是始终如一的，可上述的实验结果却与之相反。为什么人们会做出前后不一致的选择呢？我们来看看原因：

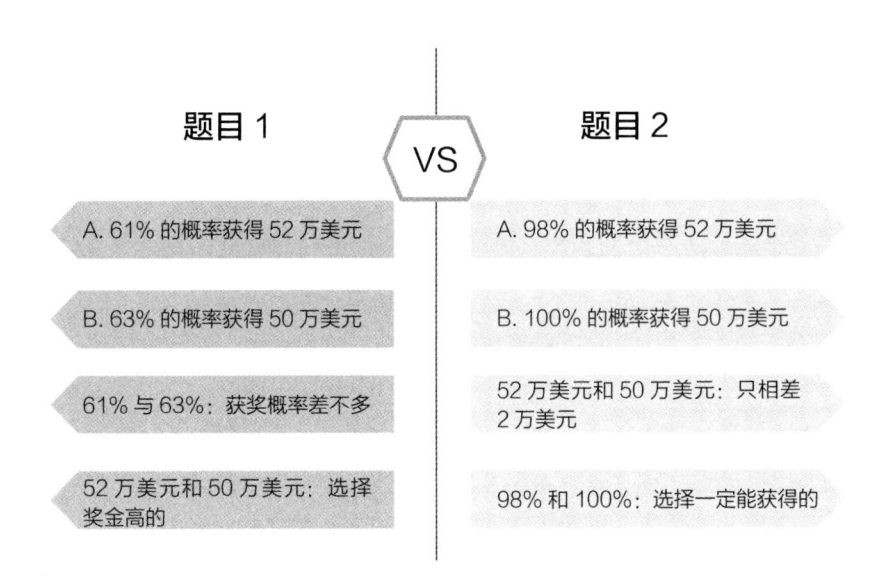

题目 1　VS　题目 2

A. 61% 的概率获得 52 万美元　　A. 98% 的概率获得 52 万美元

B. 63% 的概率获得 50 万美元　　B. 100% 的概率获得 50 万美元

61% 与 63%：获奖概率差不多　　52 万美元和 50 万美元：只相差 2 万美元

52 万美元和 50 万美元：选择奖金高的　　98% 和 100%：选择一定能获得的

在题目 1 中，61% 和 63% 的中奖概率差异微乎其微，人们更加关注哪一个选项的奖金更高，所以多数人都选择 A（52 万美元）。

在题目 2 中，奖金之间只相差 2 万美元，但中奖概率有很大的差别，一个中奖率是 98%（有不中奖的可能），另一个是 100%（肯定能获得奖金），所以多数人都会选择 B。

阿莱把"即使金额较少，但人们更倾向于确定性的事情"这一现象命名为"确定性效应"，为了对阿莱的这一发现表示尊重，学者们后将其称为"阿莱悖论"。

出现阿莱悖论的原因，是人们在决策时不完全依照客观概率，而是会受到主观判断的影响，对结果确定的选项过度重视，从而表现出非理性的行为。换句话说，在确定的收益和"赌一把"之间，人们更倾向于选择确定的好处。

21 彩票的中奖率那么低,为什么还要买?

可能性效应

人们常常会高估某些可能性极低的结果发生的概率。

如果有一款游戏,每局需要下注5元,赢了得5元,输了赔5元,且输赢的概率各占50%,想必没有人愿意玩。但如果下注5元,运气好的话,可以获得1万~100万元不等的奖金,你愿不愿意尝试一下呢?

相比5元而言,无论是1万元还是100万元,中奖获得的金额都显得很有吸引力,人们往往会忽略细微的变化,比如"微信或支付宝里少了5元"。不管中奖的概率是多少,哪怕只有几百万分之一,人们也会因为过度乐观的认知偏差,认为自己有机会成为"幸运儿"。

曾有人针对韩国的彩票中奖率开展过一项调查,结果显示:彩票一等奖的中奖概率是1/8145060,假设每周购买1万韩元的彩票,大概要等1600年才有可能中一次奖。这种概率接近于0,可即便如此,人们还是会争相购买彩票。

为什么人们在买彩票这件事上如此不理性呢?原因就是,人们从来没有把概率当成一个数值,而是凭借直觉把它分成了三种情况进行判断,即确定、不可能和有可能!

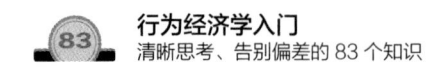

无论彩票一等奖的中奖率有多低，哪怕是几百万分之一，但它仍然存在中奖的可能。面对可能性极低的结果，人们会赋予其高于本身应有的权重，这种心理被称为"可能性效应"。认识到这一点就可以理解，为什么有人会花超出预期价值的钱来换取赢大奖的渺茫机会了。

22 若能把风险降为零,你愿意支付额外费用吗?

零风险偏误

人们偏好把小风险降为零,常常会为彻底消除微小的剩余风险投入过多的钱。

可能性效应的存在,往往会让人高估那些出现可能性极低的结果的发生率。持续地关注风险就会产生担忧,特别是面对一些负性问题时,哪怕风险的实际发生率只有1%,人们也无法感到安心,除非风险是零。

在20世纪80年代,经济学家曾针对养育子女的家长们开展了一项调研活动:

研究员向被试家长描述了一个情景:假设您目前正在使用的是每瓶价格10美元的杀虫剂。据统计,平均每使用1万瓶这种杀虫剂,就会导致15起涉及有毒物质的中毒事件,以及15起儿童中毒事件。

如果有一种更高端的杀虫剂,它可以将上述两类风险均降低到每1万瓶仅发生5起事故,您愿意额外支付多少钱购买呢?如果这种高端杀虫剂可以完全消除这两种风险,您又愿意增加多少支出呢?

被试家长们给出的回答是,如果能将中毒事故减少到原来的1/3,即每1万瓶的中毒事件从15起降至5起,他们平均愿意多支付2.38美元。如果能够彻底消除中毒风险,他们愿意额外支付8.09美元。后者是前者的

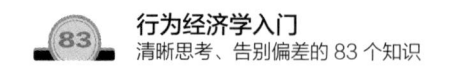

3倍多！

这项调研揭示了一个现象：为了彻底消除微小的剩余风险，人们常常愿意付出更多的钱，这些额外的支出反映了人们的担忧情绪，但它们并不符合传统经济学中的理性决策模型。这种非理性的思维错误，被称为零风险偏误。

美国1958年颁发的食品法规定，禁止食品中含有致癌物质。这一全盘禁止（零风险）听起来很好，却实际上导致了不致癌但更危险的添加剂的使用。

现代医学之父帕拉塞尔苏斯早在16世纪就告诉我们，有毒只是剂量的问题。最后，美国的这一条食品法没有办法实施，因为我们无法去除食品中所有的"违禁"成分。倘若得以实施，那么这种食品的价格会上涨数百倍。

零风险偏误让人过分追求安全和稳定，从而忽视了生活中的不确定性和风险。接受"没有什么是完全安全的"这一现实，其实更有助于我们从容地应对挑战和变化。

23 吃自助餐时，惦记"吃回本"是什么心理？

损失厌恶

面对同样数量的收益与损失时，人们认为损失更加令他们难以忍受。

同样是花费 298 元，到普通的餐厅吃饭，人们往往都更关注菜品的味道。然而，要是到自助餐厅吃饭，情况就不一样了，人们总是不自觉地想到一个问题：怎样才能吃回本？仿佛吃得少，吃得便宜，这顿自助餐就算是赔了；只有吃得多、吃得贵，这一餐才划算。为什么自助餐会让人变成"贪婪的食者"呢？

如果没有造成浪费，我们也不必对"吃自助餐要吃回本"的想法嗤之以鼻，因为人有损失规避的本能。心理学家丹尼尔·卡尼曼和阿莫斯·特沃斯基通过一组对照实验观察到了这一心理现象。

实验 1：
A. 有 100% 的概率得到 1 万元。
B. 有 50% 的概率得到 2 万元，有 50% 的概率得到 0 元。

实验 2：
A. 有 100% 的概率损失 1 万元。
B. 有 50% 的概率损失 2 万元，有 50% 的概率损失 0 元。

在实验 1 中，多数被试选择了 A，少数被试选择了更有风险的 B。在实验 2 中，多数被试选择了 B，愿意为了避免损失 1 万元去冒险。

这个实验的结果说明，人并不是完全理性的，在面对同样数量的收益与损失时，总是觉得损失更难以接受。损失厌恶反映出，人在面对不确定的情形时，其风险偏好是不一致的。当有可能获得利益时，人们倾向于选择低风险；当有可能遭受损失时，人们倾向于选择高风险。换言之，人们更倾向于避免损失，而不是试图获得收益。

假设你在路上捡到 100 元，结果不小心又丢了 100 元，你是什么心情？

从理性的角度分析，得到 100 元又失去 100 元，金钱数额上没有发生改变，等于又回到了最初的状态。可是，要真遇见了这样的事情，想必你会非常郁闷，哪怕丢掉的 100 元是捡来的，可还是觉得自己损失甚大，丢钱的痛苦远远大于捡钱的快乐。

为什么人们会如此厌恶损失呢？这种心理机制是怎么产生的？

在漫长的进化历程中，人类面临着残酷的生存竞争，在没有站上食物链顶端之前，一直过着风餐露宿的生活。在恶劣的自然环境下，多宰杀一头猎物只是暂时改善一下生存质量，可是稍有不慎就会丢了性命。这种不对称的自然选择的压力，就导致了损失厌恶。

在消费行为中，商家经常会利用损失厌恶来设计促销策略，比如："限时特惠""最后一天""仅限今日"……这些促销语就是抓住了人们害怕错过机会的心理。多数时候，人们为了避免错过优惠，会倾向于立刻购买，无论自己是否真的需要那些商品。

在面临选择的时候，不要只想着"错过了会失去什么"，那样很容易做出不理性的决策。你不妨想想"这么做了会得到什么"，逆向思考更有助于平衡看待该决策带来的收益与损失。

24 为什么股民总是卖掉盈利的股票，持有亏损的股票？

沉没成本

人们总是难以割舍已经发生或无法收回的成本支出，结果将错就错，造成更大的损失。

1998 年，美国行为金融学家奥登在研究了 1 万名个人投资者的交易记录后发现：投资者在处置股票时，倾向于较早卖出盈利的股票，继续持有亏损的股票。前面解释过，人们在盈利时是风险回避者，更喜欢确定的收益（卖出盈利的股票）；在亏损时是风险偏好者，不喜欢确定的损失（持续持有亏损的股票）。

事实上，面对亏损的股票，股民们不仅不会卖，还可能会追加投入。因为人不是完全理性的，在对当前或未来的事做决策时，总会考虑过去发生的历史成本和无法收回的成本。

明尼苏达大学的一位神经科学博士及其团队，进行了一项有趣的"餐厅探险"实验：

他们设计了一个含有四个鼠食餐厅的迷宫，不同的鼠食餐厅位于迷宫的不同位置，里面分别放置了葡萄、巧克力、酸奶、香蕉四种不同的食物。迷宫里的每一个餐厅都有两个区域，一个是进食区，另一个是候餐区。

假设老鼠初次进入葡萄餐厅，它可以在进食区吃到葡萄这一特色美食，但量特别少，吃完就没了。倘若老鼠想再次吃到葡萄，它就得在候餐区等一段时间，葡萄才会掉落在进食区。当然，在候餐区等待食物掉落的过程中，老鼠也可以选择放弃，去其他三个餐厅觅食。可无论去了哪个餐厅，它都必须要在该餐厅的候餐区乖乖等上一段时间，才能吃到美食。

整个实验的时间共计 30 分钟，这就意味着，合理分配时间对老鼠而言至关重要。那么，老鼠为了吃到特色美食，会做出怎样的选择呢？

实验结果显示：老鼠选择在某一候餐区继续等下去的意愿，会受到已等待时间的影响。换言之，在某一候餐区等待的时间越长，老鼠就越不愿意改变自己的决定。

其实，人类在现实生活中遇到相似的情境时，也会考虑到那些已经发生且无法收回的支出，如时间、金钱、精力等，并对之前的投入与付出感到难以割舍。

冬天的傍晚，你本是想坐公交车回家，可是等了 20 分钟车还没来，你心里冒出了一个想法："要不打车回去吧？"可是，随即你又想到："我都等了 20 分钟了，再打车走岂不是太亏了？万一公交车马上就来了呢？要不然，我再等一等？"

你来到新公司三个月了，即将转正，可你心里总是隐约地觉得，这份工作的内容以及整个公司的氛围，并不是很符合自己的预期。可是，你已经工作了三个月，且立刻就能够成为正式员工，结束只拿 80% 工资的日子，这时候辞职是不是太亏了呢？

经济学中将一些已经发生、不可回收的支出，如时间、金钱、精力，统称为"沉没成本"。从理性的角度来说，沉没成本不应该成为当前决策的考量因素，因为它代表了过去，是指由于过去的决策发生了的，而不能由现在或将来的任何决策改变的成本。然而，现实中的人们出于想要挽回成本的心理，在当下决策时总是会把之前的投入考虑进去，难以舍弃。

那么，沉没成本到底算不算成本呢？

成本经济学对成本的定义是"放弃了的最大代价"，成本一旦沉没了，就不再是机会成本，也不能够作为现在或将来决策的参考变量。这一点对我们的生活有很大的启示：过去所说的话、做过的事，无论对与错，无论后悔与否，都已经无法更改。昨天的成本已经付出了，是赢是亏都是昨天的支出，从今天来看，这些都属于沉没成本。如果总是后悔莫及、悔不当初，不仅无济于事，还会给自己制造更多的痛苦。

25 同样是年薪 20 万元,为何有人欢喜有人愁?

参照点效应

人们在评估某一个结果时,会受到参照点(期望水平或现状)的影响,不同的参照点会导致不同的心理反应和行为反应。

1738 年,瑞士物理学家丹尼尔·伯努利率先提出"效用理论",即当人们获得财富时,一开始会感到非常满足和快乐,但随着财富的不断增加,满足感会逐渐减弱。这就像吃一块蛋糕,第一口总是最美味的,当你继续吃的时候,虽然蛋糕仍然很美味,但你感受到的甜味和满足感却会逐渐减少。

效用理论为经济学和决策科学奠定了重要基础,因此有人将丹尼尔·伯努利称为"边际效用递减法则的鼻祖"。然而,丹尼尔·卡尼曼和阿莫斯·特沃斯基发现,效用理论存在一个局限:人们在面对得失时,并不只是简单地计算得到多少好处或坏处,还会受到所参照的对象或情境的影响。

心理学家丹尼尔·卡尼曼做过一个调查:

A. 在其他同事年薪 6 万元的情况下,你的年薪是 7 万元。

B. 在其他同事年薪 9 万元的情况下,你的年薪是 8 万元。

你会选择接受哪一份工作?调查结果显示,多数人都选择了 A。

在相同的条件下，人们会把得与失、成功与失败的标准定格在和其他参照物的比较之下，从而做出不同的心理反应和行为反应，这种心理现象被称为"参照点效应"。

A和B的年薪都涨到了20万元，按照效用理论，他们两人对年薪的满意度和内心的幸福感应该是一样的。然而，事实并不是这样的！A原来的年薪是18万元，B原来的年薪是16万元。对比之下便知，A的年薪涨了2万元，而B的年薪却涨了4万元。

如果你是A，你会对这次涨薪感到满意吗？

26 为什么买彩票赢得的钱，花起来不心疼？

心理账户

人们根据财富的不同来源，在心理上将其进行归类，且对待它们的态度也不一样。

Y准备去看电影时，发现自己把价值50元的电影票弄丢了，她沮丧地离开了影院，没有重新再买一张票。前段时间，她去看画展，在买东西时不小心丢了50元现金，虽然心情很不好，可她还是买了价值50元的画展票。同样都是损失50元，为什么Y的处理方式截然不同？

S想换一个手机，可是发了工资之后，他又有点不舍得了。不久前，舅舅从国外回来探亲，给了S一个2000元的红包。S当即就到商场给自己买了一部手机，价格是2600元。手机的价格并没有降低，为什么S在得到舅舅给的红包后，忽然就变得"大方"了呢？

H是一家私营企业的负责人，刚跟客户签了一笔几十万元的订单。在机场候机时，他觉得肚子有点饿，可是看到一碗牛肉面标价50多元时，他转身到便利店买了一桶泡面。前一天宴请客户吃饭时花了几千元的他，如今怎么会为一碗50多元的牛肉面犯算计？

上面的情景在生活中经常会出现,你可能也亲身经历过,那你是否知道个中原因呢?

1985 年,芝加哥大学行为科学教授理查德·塞勒在《心理账户与消费者行为选择》一文中提出"心理账户"的概念,他认为人们会把现实中客观等价的支出或收益,在心理上划分到不同的账户中,以不同的态度对待等值的钱财,并做出不同的决策。

常见的心理账户分为三种情形:

1. 因不同消费项目而设立的心理账户

电影票 50 元一张尚可以接受,可是丢了这张票,再花 50 元重新购买一张,就相当于花 100 元看一场电影,多数人都会觉得不划算。在她的心理账户中,第一次买票的钱和重购电影票的钱,都属于同一个账户。这就解释了,为什么 Y 丢了电影票之后,索性选择不看。

H 舍得花几千元宴请客户,自己却不舍得买 50 多元一碗的牛肉面,原因也是他认为这两种消费是不一样的,前者是为工作进行的投资,后者是为满足个人的欲求。

2. 因不同来源的财富而设立的心理账户

依靠劳动所得的工资、加班费等,往往会被认为是"血汗钱";别人给的红包,或是买彩票中的奖金,则会被认为是"意外之财",这就是两个不同的心理账户。

对于劳动所得的财富,人们大都用于日常开支、储蓄和家庭建设等;对于意外之财,人们更热衷于人情消费、休闲享乐,剩余的才会想到储蓄。所以,当 S 用舅舅给的红包买手机时,并不觉得心疼;而用他自己的工资买手机时，却显得犹犹豫豫。

3. 因不同存储方式而设立的心理账户

一对做小生意的夫妇，平日里省吃俭用，总是买特价的食材，但他们这些年攒下了七八十万元的存款。只不过，这些钱是他们准备给儿子盖房的专用款，不是自己的日常生活费。所以，他们宁可自己过得拮据一点，也不动用那些存款。

从传统经济学角度来讲，无论是辛苦挣来的2000元工资，还是别人赠送的2000元红包，或是买彩票中的2000元奖金，价值都是相等的。然而，大脑在思考的时候，对这些钱进行了分类，并赋予其相对的价值。

心理账户经常会促使人做出不理性的消费决策，悄悄"偷"走我们口袋里的钱。

例：100元的哈根达斯冰激凌贵不贵？

从生活开支的角度来说，100元的价格并不便宜，这笔钱可以买不少水果蔬菜或是买一桶粮油。但从情感开支的角度看，给心爱的人买一份礼物来表达自己的心意，也就不觉得贵了。

例：买彩票中了5000元奖金要怎么花？

把这笔钱当成收入，就会很谨慎地使用它；把它当成"白来的"，就很容易挥霍一空。遗憾的是，多数人都会不理性地将这些钱花掉，起码是花掉其中的一部分。正如丹尼尔·卡尼曼所说："人们往往没有意识到，意外之财也是收入的一部分。"

27 搁置不穿的衣服,想扔掉却又觉得可惜?

禀赋效应

人们一旦拥有了某个物品,往往就会高估这个物品的价值。

传统经济学理论认为,人们为了获得某商品愿意付出的价格,与失去已拥有的同样的商品所要求的补偿,没有任何的区别。换言之,自己作为买者或卖者的身份,不会影响自己对商品的价值评估。那么,事实是不是这样呢?

20 世纪 80 年代,有学者设计了一个经典的"马克杯实验":

两组被试分别待在不同的房间,实验员给第一组被试每人发了一个马克杯,并告知这个杯子属于他们了。接着,实验员向第二组被试展示同款马克杯,但并没有给他们。

随后,实验员向所有被试发放问卷,询问他们愿意以多少钱出售(针对第一组被试)或购买(针对第二组被试)马克杯。

问卷结果显示:第一组被试给出的平均售价是 5.78 美元,而第二组被试给出的平均买价是 2.21 美元,还不及前者的一半。

为什么两组被试给出的价格相差甚大?

实验员猜测,因为第一组被试与马克杯建立了"感情",使得马克杯具有了情感方面的价值。第二组被试只是远观马克杯，并未与之接触，也未曾拥有它们，因而这款马克杯对他们不存在特殊的意义。出售马克杯，意味着让第一组被试"损失"自己拥有的马克杯，他们开出的价格自然会比第二组为了得到马克杯所支付的价格要高出许多。

为了证实这一猜测，实验员随后又做了一个"水笔实验"：实验员在笔杆上贴了一个 3.98 美元的价格标签，以减少信息不对称的问题。实验结果显示，两组被试开出的价格之差比之前有所减少，但价格差仍然存在。

两个实验均证明，人们一旦拥有了某个物品，那么他会倾向于认为，自己拥有的东西比别人拥有的同样的物品更有价值，理查德·塞勒将这一现象称为"禀赋效应"。

禀赋效应，源于人们存在损失厌恶的心理，即得到一件东西的快乐，远远小于失去一件东西的痛苦。理查德·塞勒等经济学家通过大量实验得出一个系数，两倍获得的快乐才能抵消相同损失的痛苦。

28 明知道改变现状有好处,为什么不改变?

现状偏差

人们倾向于维持现有的状况,且倾向于把任何改变都视为一种损失。

人们会偏好维持当前状态,这种心理现象被称为"现状偏差",只要当前的状况不是特别糟糕,人们就想维持现状。

1984年,肯尼斯基做了一个实验:研究员给被试随机发放杯子或糖果,过了一会儿,他告诉被试,可以将手中的东西换成另一种自己更喜欢的。这些物品是随意发放的,没有替换成本。然而,90%的被试都选择不换。

实际上,东西是随机发放的,不能确保拿到杯子或糖果的人一定喜欢这个东西。可是,当有机会重新选择时,多数被试却不愿意换。这只能说明,人们不愿意改变现状。

回想一下,你有没有过这样的经历——

○ 工作做得不顺心,可就是不愿意辞职,害怕辞职以后找不到更好的工作,就忍耐着。

○ 现在的房子住得久了，即使房租略贵、交通不是很方便，也不太想挪窝。

○ 知道对方有一些不好的习惯，可因为在一起久了，付出了很多，就硬着头皮结婚了。

○ 买了一款不太理想的产品，也不能退货，只能将就着用，毕竟花了不少钱。

○ 很久不穿的衣服，在准备扔掉的那一刻心生不舍，又灰溜溜地把它放进了衣橱。

如果你的回答是肯定的，那么，你就被"现状偏差"砸中了！

人们常说，最让人难忘的是"得不到"和"已失去"，其实这个概括并不完整。人在面对"将失去"的东西时，往往也会高估这个事物的价值，不愿意改变现状，或是要得到更高的回报才愿意改变现状。

29 为什么人们总是对免费的东西没有抵抗力?

免费的诱惑

人们喜欢免费的东西,甚至是自己根本不需要的东西,免费很容易让人丧失理智,产生附加的消费。

午餐时间到了,丽莎和朋友想去吃西餐。

刚好,楼下有两家西餐厅,装修风格很相似,价格也差不太多。唯一不同的是,东边餐厅的招牌上标示着:咖啡免费续杯。相比之下,西边的餐厅不提供这样的服务。

丽莎和朋友果断选择了东边的餐厅。

从经济学角度分析,东边的餐厅提供咖啡免费续杯服务,并不是真的要给消费者更多的"福利"。虽然企业要实现持续经营,并渴望实现利润最大化,但它们用不着对每一件货品都索取高于其成本的费用,若能让总收入等于或超过所卖货品的总成本,比如牛排、沙拉、甜品等已经包含了足够的利润率,也就不在乎提供咖啡免费续杯的服务了。

况且,这样的做法可以为餐厅带来更多的顾客,增加餐厅的营业额。随着就餐顾客人数的增长,餐厅提供服务的平均成本就会降低,餐厅的利润也就增加了。更重要的是,当顾客体验到咖啡免费续杯的服务后,还会进行口碑传播,吸引更多的顾客。

商家的"免费"不过是一种营销策略，它在利用人们对"免费"的过度敏感。人们之所以对免费没有抵抗力，并不是想要获得收益，而是不想蒙受损失，这也是一种损失规避心理。有研究者认为，人们愿意选择"免费"的商品或服务，是因为他们内心有一个想法："免费的又不花钱，即使东西不好，我也不会损失什么。"

任何事物都有两面性，"免费"很容易给人造成一种情绪冲动，让人误认为免费物品大于它的真正价值，从而忽略交易本身对自己造成的损失。比如，有些商店为了吸引顾客，经常会打出"免费领取礼品""免费赠送1斤鸡蛋"等消息，活动期间到店领取的人络绎不绝，为抢购免费的商品付出的时间和精力也是一种成本。

更何况，很多人在进店之后并不是领完东西就走，多半还会逛一逛，顺带又购买其他的物品。这就好比，你原本是奔着"免费续杯的咖啡"进了餐厅，结果不仅点了牛排、烤鸡，还点了沙拉、甜品，你消费的数额里早就涵盖了免费续杯的钱。

30 为什么多数人无法拒绝眼前的诱惑?

现时偏差

人们会选择现在能够立刻享受到的较小收益,而不是将来能够获得的巨大利益。

2007年,哈佛大学教授大卫·刘易斯与他的合作者们做了一个实验:

被试是一大批哈佛大学的本科生,他们被告知第二天要做研究,且在做研究之前不能饮水。所以,在进行实验时,这些被试已经很长时间没有饮水了,处于十分口渴的状态。

实验开始后,他给这些口渴的学生两个选择:

○ 选择1:现在就喝一小杯果汁。

○ 选择2:5分钟之后,喝两小杯果汁。

结果,超过60%的学生选择了"现在就喝一小杯果汁"!

接着,他们又做了一个相关的实验。被试依旧是这些特别口渴的学生,但这一次的选项发生了变化:

○ 选择1:20分钟后,可以喝一小杯果汁。

○ 选择2:25分钟后,可以喝两小杯果汁。

这一次,70%的学生都选择了"25分钟后喝两小杯果汁",只有30%的学生选择第一种。

在第一种情况下,立刻就有果汁喝时,多数学生都选择现在就喝,不愿意多忍耐5分钟。在第二种情况下，学生们觉得反正总要等20分钟，再多等5分钟也无妨，那样就能多喝一杯果汁，这样的"收益"更诱人。

如果把果汁换成金钱，情况也是一样的。

当被试被问及：你愿意今天得到100美元，还是等到明天获得102美元？很多人都会选择前者。人们首先想到的是"时间就是金钱"，今天得到100美元，放到明天就可以产生一定的利息；其次想到的是"夜长梦多"，对任何事物的等待都存在风险，承诺未必可信，万一等到明天对方反悔变卦了，不仅竹篮打水一场空，还损失了原本可以稳稳获得的100美元。

当受试者被问及：你愿意一年后得到100美元，还是愿意一年零一天后得到102美元？绝大多数人都选择了后者，毕竟已经等了这么久，不在乎多等一天，还能多得2美元。

在同样口渴的情况下，人们做出了两种大相径庭的选择；在面对同样数额的金钱时，人们的选择也是完全相反的。这一实验说明，人们存在一种即时倾向，认为眼前的收益比未来的收益更有价值，这种现象叫作现时偏差。

为什么会存在现时偏差呢？

这就要追溯到远古时期了，那时候资源稀缺，环境充满了不确定性，祖先们往往是吃了上顿没下顿。在这样的处境之下，长远的计划并不利于生存，活在当前反而是更现实的选择。比如，在饥饿难耐的情况下，最重要的就是抢夺食物，而不是顾及其他。

认识到现时偏差，我们就不难理解，为什么人们总是败给及时行乐，成为短期主义者了。比如，难以抗拒甜品的吸引力、难以摆脱香烟的诱惑、难以坚持早起健身，虽然知道将来可以从这些良好的行为中获益，可是为了明天的收益，在今天承受损失或付出努力，实在太让人难以忍受了！

所以，即便眼前的短期损失可以换得长期的收益，或避免更大的损失，可因为损失厌恶与现时偏差的存在，让人们做出理性的决策也是很困难的。正如沃尔特·米歇尔在《延迟满足》一书中所说，即时满足是人类的本能，延迟满足意味着要违抗本能，调动大脑中最为复杂的"冷静系统"对当前的冲动进行理性反思与规划，而这也正是自控力的根本来源。

要减少现时偏差带来的负面影响，我们需要培养延迟满足的能力，这有利于帮助我们弱化冲动，让暂时的欲望为长期的幸福让路。当即时满足的欲望涌现，怂恿你把重要的事情往后拖时，你可以从不同的角度进行思考，让自己意识到"延迟满足"的好处，做一个宏观关注全局的人，而不是为了眼前的那点轻飘飘的快乐乱了阵脚。

扪心自问1：选择做重要且紧急的事情会有什么结果？

选择做重要且紧急的事情，意味着放弃了暂时的娱乐和安逸，但却能在之后的日子里获得更宝贵的东西，或许是直接的利益，或许是机遇。

扪心自问2：选择做短暂又吸引人的事情会有什么结果？

获得一时的快感，多巴胺的效果来得快也去得快，等到快乐散去，内心只剩下一堆虚无，这样的状态是很多人恐惧的。片刻的满足感十分易逝，回过神来就会发现，既没有了快乐的感觉，还给自己留了一堆待完成的任务。

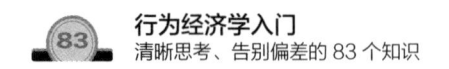

31 高中低三种套餐，为何中间档最畅销？

折中效应

人们习惯性地认为，中档选项最保险，最不容易吃亏。

当你走进理发店，准备做一个烫发造型，理发师告诉你，有 298 元、398 元和 498 元三种套餐，你会选择做哪一种？

当你走进西餐厅，准备点一份单人套餐，服务生告诉你，有 78 元、98 元和 108 元三种套餐，你会选择吃哪一种？

如果是一个理性经济人的话，他会根据自己的经济状况与商品的性价比，来选购或贵或便宜的商品。可是，现实生活中的我们，并不总是这样做选择。特别是在面对"高中低"三个档次的选项时，绝大多数人都会选择中间档，这种现象称为"折中效应"。

人们之所以倾向于选择中间选项，也是出于损失厌恶的心理。人们很容易在潜意识中认为，选择最高档的产品，得到的产品不值这个价格；选择最低档的产品，又担心质量不够好；选择中间档的产品，是最保险、最不容易蒙受损失的。

32 费尽周折"开盲盒",直接购买不好吗?

间歇强化

奖励的不确定性和不可预测性,容易激发个体的兴奋感,也容易让人上瘾。

20世纪50年代,心理学家斯金纳开展了一项研究,试图了解多变性对动物行为的影响。

实验的第一阶段,斯金纳将鸽子放进安装了操纵杆的笼子,鸽子只要压动操纵杆,就能获得一颗小球状的食物奖励。鸽子很快发现了压动操纵杆与获得食物奖励之间的联系。

实验的第二阶段,斯金纳做了一点小小的改变:鸽子压动操纵杆后,不是固定出现一颗球状食物,而是间歇性出现,即鸽子有时会得到食物,有时不会得到食物。当鸽子发现只能间歇性地获得食物奖励时,会更加频繁地压动操纵杆。

斯金纳的鸽子实验形象地阐释了一种现象:如果每次得到的奖励是确定的,我们很快就会对一样事物失去兴趣;当我们永远处在"不知道下一颗巧克力是什么味道"的状态时,即使每一次的惊喜都不大,我们依然会对这样东西上瘾。这种随机获得的奖赏机制,在心理学上被称为间歇强化效应,其核心在于奖励的不确定性和不可预测性。

很多人沉迷于"开盲盒"，一个盲盒的售价几十元，暂且不说玩偶的价值是否与其价格相匹配，更重要的是买了许多也未必能碰到自己想要的那一个。从理性的角度来看，这显然是一种浪费，不如直接购买、凑齐想要的东西更划算，为什么人们不这么做呢？

原因就是，"开盲盒"最大的吸引力，不仅是得到里面的物品，还是通过不确定的获取来完成物品的收藏，给自己制造持续的满足感。在打开盲盒之前，期望值会不断累加，直至在打开"盲盒"的那一瞬间，多巴胺的分泌达到峰值！

常见的抽卡类游戏也是基于这一反馈机制，满足玩家由不确定和预期产生的愉悦感。当玩家预期能够抽到渴望的角色时，大脑就开始分泌多巴胺了。

社交媒体、短视频类的 App 更不用说，手指轻轻一划，永远不知道下一条图文或视频是什么。也许是喜欢的萌宠、穿搭、美食，也许是讨厌的产品推广，也许是勾起回忆的煽情文案，或者是 PPT 制作技巧、写作课程推荐……这种时而符合喜好与需求、时而有所出入的情况，都是间歇强化效应的应用。

不确定的奖励可以激发个体的兴奋感和冒险精神，当间歇强化结合个性化的推荐，为每个人匹配适合的奖赏物，上瘾会变得格外容易。我们需要特别警惕这一风险，千万不要认为只有赌博才会成瘾！当你的手指忍不住在手机页面上不停滑动，当你想退出某款应用却又恋恋不舍时，你也有必要问问自己：我到底在期待哪一种"奖励"？

33 明明过程是痛苦的,为何回忆不痛苦?

峰终定律

如果结局是好的,人们就会觉得一切都好。

20世纪90年代,丹尼尔·卡尼曼与同事唐纳德·雷德尔迈耶以154名患者为对象,对他们在进行大肠内窥镜检查时感受到的疼痛程度进行研究。

现在的患者多半都会接受无痛内窥镜检查,可当时的检查需要在病人神态清醒的状态下将管子插入大肠内,过程是很痛苦的。实验员按照0(无痛苦)到10(完全难以忍受)的数字,对检查的疼痛等级进行标记,每隔一分钟就记录下患者的疼痛感受。这项检查花费的时间差距很大,耗时最短的只用了4分钟,耗时最长的用了69分钟。

你认为,耗时短的患者与耗时长的患者,谁感受到的痛苦更大?或者说,这项检查给谁留下的阴影更大?

很多人预测,内窥镜检查耗时长的患者,持续地经历了痛苦,他感受到的疼痛总量更大,对这项检查的印象更糟糕。但真实的情况并不是这样的。

实验结果显示:大肠内窥镜检查的整体感觉,取决于疼痛最剧烈的时间段,以及最后3分钟的平均疼痛程度。患者感受到的疼痛程度,与

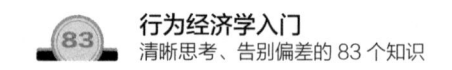

检查持续的时间长短没有关系。

假设 A 患者的内窥镜检查时间是 8 分钟，B 患者的检查时间是 24 分钟。两名患者最痛苦的疼痛等级均为 7，在最后的 3 分钟内，患者 A 的平均疼痛等级是 7，患者 B 的平均疼痛等级是 1。那么，这项检查给患者 A 留下的阴影会更大。因为在痛苦的高峰过后，检查马上就结束了，不愉快的记忆被保留了下来。

人们对某件事情的记忆，是由高峰和结局两个时间段的体验决定的，而不是由该经历持续的时间决定的，这就是所谓的"峰终定律"。换句话说，如果结局是好的，人们会认为一切都是好的；如果结局比之前糟糕，人们会表现出与之前完全不同的情绪反应。

峰终定律不只适用于痛苦的经历，也适用于愉快的体验。比如：在聆听一场演讲时，虽然时间比较长，内容也比较晦涩，可若中途能让人开怀大笑，在结尾时让人有所感悟，也会给观众留下"这场演讲很精彩、很有意义"的印象。

34 为什么酒店很忌讳用某些数字？

回避禁忌

虽然没有科学依据，但人们为图吉利，仍然会刻意回避禁忌。

出门在外入住酒店时，不知道你有没有注意到一个现象：很多酒店的楼层里没有"4""13""14"或"18"层的标志，也没有"4"或"14"之类的房间号。

中国人认为"4"和"14"是不吉利的数字，因为它与"死"读音接近；提到"18"层，又往往会联想到"18层地狱"，同样也觉得沾染着晦气。至于数字"13"，中文的发音类似"要散"，意味着分离和分散；而西方人也很忌讳"13"，相传"13"日是耶稣遭受灭顶之灾的日子，意味着背叛与出卖。

从理性的角度来说，数字本身并不带有任何的预示性，但人们为图吉利，还是会刻意地回避这些禁忌。从心理上分析，其根源还是为了避免损失，担心万一发生什么意外，会给自己招惹麻烦。

辑三
预期 VS 选择

什么在悄然影响我们的想法与判断？

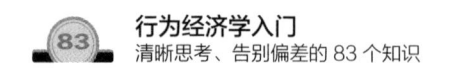

35 为什么雨天参加面试的学生得分更低?

环境影响决策

环境因素会影响人的情绪状态、认知功能、生物状态，甚至社会行为。

在阳光明媚的晴天里，人们总会觉得心情舒畅；而在连续阴雨的日子里，人们不免觉得心情也是潮湿的。众多学术领域对此都进行了研究，并得出相应的结论：如"气压变化会影响自主神经系统""激素的分泌会随着日照时间的变化而变化"；行为经济学家也发现，天气会影响人类的决策与行为。

多伦多大学的两位医生唐纳德·雷德尔迈耶和西门·巴克斯特，在翻阅2004~2009年多伦多大学医学院的面试结果时发现：在雨天参加面试的学生似乎比在晴天参加面试的学生评分更低！

这并不是一件"小事"，他们把学生的面试结果和医学院入学考试的分数进行对比，惊讶地发现：面试分数的差异相当于把一部分学生的入学考试成绩降低了10%！这足以决定学生是否会被录取，是否可以成为一名医生。

难道说，面试官是根据天气状况来决定录取哪些学生的？还是说，他们的心情无意间受到了天气的影响，而心情又进一步影响了他们对学生的看法？无论是哪一种情况，听起来都挺荒谬的，但事实确是如此，无论所做的决策是大是小，环境因素都会对我们造成影响，只是很多时候我们自己并没有觉察到。

36 提问方式变了,答案也会改变吗?

框架效应

不同的表达方式,会导致人们做出不同的判断和选择。

A款游戏,赢95元的概率是10%,输5元的概率是90%,你愿意参与吗?

B款彩票,售价5元,赢100元的概率是10%,不中奖的概率是90%,你会买吗?

如果给你足够的时间去思考,你会发现这两个问题在本质上没什么差别,都是以10%的概率去赢得95元,或是以90%的概率输掉5元,只是表述的方式不同罢了。如果是一个理性的人做选择,那么他对这两道题所给出的答案应该是一致的。

然而,现实中对这两道题给出相同答案的人只有极少数。相关实验显示,多数人会在参与游戏和买彩票之间选择后者。为什么会这样呢?

情绪敏感的人做不到像经济人那样冷静且合乎逻辑。现实中的人在决策时会有一个参考和依赖的框架,这种框架就是表述方式,从收益的角度和损失的角度分别表述同一个问题,可能会出现完全相反的结果。

诺贝尔经济学奖获得者理查德·塞勒读研究生时,曾在记事本上写道:"成本不是损失。"尽管 A 和 B 的输赢概率与金额是一样的,但 A 的表述框架是"在游戏中输钱"(损失),而 B 的表述框架是"没有中奖的彩票价格"(成本),损失总是比成本更容易引发人的负面情绪。

很多事情在经济方面是平等的,可在情感方面却是不平等的。

心理学家丹尼尔·卡尼曼与阿莫斯·特沃斯基在研究框架效应时开展了一项实验:假设美国正在准备应对一种罕见的疾病,该疾病的发作会导致 600 人死亡。现在有两种应对疾病的方案可供选择,研究员向被试描述采纳这两项方案的结果:

情况 1:

○ 如果采用 A 方案,可以挽救 200 人的生命。

○ 如果采用 B 方案,有 1/3 的概率能拯救 600 人的生命,有 2/3 的概率全部死亡。

测试结果:72% 的被试选择 A 方案。

情况 2:

○ 如果采用 A 方案,有 400 人将会死去。

○ 如果采用 B 方案,大家都不会死亡的概率是 1/3,导致 600 人死亡的概率是 2/3。

测试结果:78% 的被试选择 B 方案。

其实,情况 1 和情况 2 的方案是一样的,只是描述方式不同。然而,就是语言形式上的小小变化,却影响了被试的决策和判断,这充分印证了框架效应的存在。在现实生活中,商家们经常会借由文字制造框架

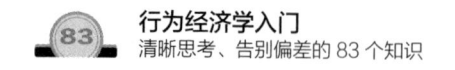

效应。

- 加油站 A：每升汽油 8 元，现金支付每升优惠 0.5 元！
- 加油站 B：每升汽油 7.5 元，电子支付每升补加 0.5 元！
- 家居店 A：衣柜售价 2100 元，免费送货上门，自提优惠 100 元！
- 家居店 B：衣柜售价 2000 元，运费 100 元。

从客观角度来看，两个加油站的油价都是 7.5 元，两个家居店的沙发售价都是 2100 元，并没有实质差别。可是，加油站 A 和家居店 A 的价格描述却更受消费者欢迎，因为它们提供的是"优惠"和"免费送货"的"收益"；加油站 B 和家居店 B 提供却是"补加"和"需支付运费"的"损失"，人都有厌恶损失的心理，自然避之唯恐不及。

通常来说，影响人们决策的框架效应主要有三种：

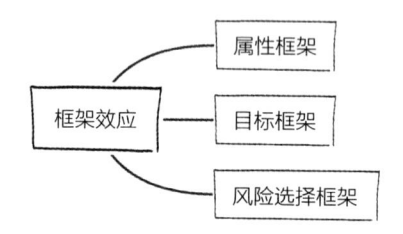

```
                ┌── 属性框架
   框架效应 ────┼── 目标框架
                └── 风险选择框架
```

1. 属性框架

当一个事物的关键属性被贴上正面标签时，人们会倾向于对它做出更好的评价。

例：促销中常用的词语"狂欢""大促""百亿补贴"等。

2. 目标框架

当一个信息被贴上存在潜在损失的标签时，它会更具说服力。相比获得收益，人们更愿意尽力避免损失。

例：同样是支付 88 元，与"买 80 元的商品，支付 8 元运费"相比，人们更愿意接受"满 88 元免运费"，因为"支付 8 元运费"被视为"不必要的损失"。

3. 风险选择框架

相比可能实现有利结果的方案，人们更倾向于选择可以避免不利结果的方案。

例：有些促销活动设置了"定金预售"的规则，如果消费者"取消订单"，"定金"是不退的，如果"不取消订单"，就可以享受优惠。在"避免损失"的负面框架下，消费者更倾向于选择"定金预售"，并且尽可能"不取消订单"。

三种框架效应虽不完全一样，但其核心就是规避风险、厌恶损失。我们在面对这些充满诱惑的信息时，务必要保持清醒的思考，认清自己究竟为什么而购买。是真的需要，还是受到商家的"威逼利诱"？切忌被"框架效应"牵着鼻子走。

37 为什么不同国家的器官捐献率差别甚大?

初始值效应

人们的选择会受到最初设定方式的影响。

瑞典和丹麦是两个相邻的北欧国家,但两国在公民的器官捐献率上有着很大的差别。通常情况下,两国公民的驾驶证上都会标注一个信息:如果因意外事故死亡,是否愿意捐献自己的器官。瑞典有 86% 的人表示愿意捐献器官,而丹麦只有 4% 的人愿意捐献器官。

到底是什么导致了这种巨大的差异呢?

那我们必须要看看,不同国家是如何判定一个公民是否愿意捐献器官的:在器官捐献率较低的国家,通常只有在公民明确表示愿意捐献器官时,才将其视为器官捐献者;然而,在器官捐献率较高的国家,通常是默认公民愿意捐献器官,除非当事人明确表示不愿意捐献器官。

像瑞典这种器官捐献率高的国家,驾驶员自动被默认为"愿意捐献器官者",不需要当事人表明自己的意愿。这就像是手机的初始设置,人们通常都是默认初始设置。同样,像丹麦这种器官捐献率较低的国家,驾驶员自动被默认为"无意愿捐献器官者",大费周折地表明自己愿意捐献器官的人自然就少了。

传统经济学认为，人们总是理性地思考和行动，任何表达方式都无法决定人们的重要选择。可是，器官捐献率的事实告诉我们，人们的选择会受到初始设置的影响，这种现象叫作"初始值效应"。

对人们来说，原封不动地接受初始设置，可以节省时间和精力，减少为此问题付出的成本。这样固然是便利的，但人们也往往会忽略一个重要的问题，初始值本身就是一种框架。没有人愿意通过框架做决策，可这种现象却比比皆是。

当你下载了一款手机 App 之后，如果不想接收消息推送，就必须主动设置"关闭通知"；当你不想接收广告短信和邮件，也要在短信或邮箱中主动设置"拒绝接收"。这的确是一件很麻烦的事，正因如此，我们的手机和邮箱总是被各种垃圾信息填满。

38 有些东西不便宜,为何让人感觉很便宜?

锚定效应

人们在对某一事物做定量估测时,最初接触到的信息或数字会像"锚"一样制约估测值。

丈夫:"哇,这款电脑从 9800 元直接降到了 7000 元!"

妻子:"7000 元也不算便宜吧?都够一个月的生活费了。"

丈夫:"怎么不便宜?直降 2800 元呢!"

透过简短的对话,我们不难感受到,面对 7000 元的电脑售价,夫妻两人的态度完全不一样,丈夫觉得便宜,妻子觉得很贵,这种差别是怎么形成的呢?

丹尼尔·卡尼曼和阿莫斯·特沃斯基指出,人们在进行判断和决策时,往往会被第一次获取的信息左右,这些初始信息或数据会为随后的思考与判断设置某种框架,这种现象叫作锚定效应。

1974 年,心理学家丹尼尔·卡尼曼与行为学家阿莫斯·特沃斯基设计了一项实验,要求被试对非洲国家在联合国所占席位的百分比进行估计,即非洲国家在联合国会员国中所占的比例是高于 65% 还是低于 65%?具体而言,你认为所占比例是多少?实验结果显示,被试回答的数值的平均值是 45%；如果将题干中的 65% 改为 10%，平均值则变成了 25%。

对联合国成员国不太熟悉的人，往往都是靠推测来回答这个问题的。当他们没有其他有利于判断的信息时，最初获得的信息就会发挥像"锚"一样的作用，限制随后的推测范围。在这一实验中，被试把 65% 和 10% 当成了"锚"，因而得出的答案也与之相近。

回溯上述的案例，丈夫早就看上了这款电脑，只因嫌 9800 元的价格贵没有入手，现在看到它直降 2800 元，就觉得很便宜。妻子之前并未了解过这款电脑，她从一开始看到的就是 7000 元的现价。两者的"锚"是不一样的，所以对同一价格的感受也不一样。

锚定效应是一种认知偏差，我们在消费时经常会落入这一陷阱。

A 看上了一件外套，质地和款式都很符合她的需求，只不过吊牌上的建议零售价是 2000 元，她觉得有点贵。

正在犹豫之际，店员告诉 A："现在有促销活动，全场衣服享受 8 折优惠，且单笔满 1000 元还能减 500 元……算下来，这件衣服只需要 1100 元，比原价便宜了 900 元！"

听完店员的话，A 果断下单买了这件外套。

且不论商家的折扣是否合理，在上述的这些数据信息中，吊牌价 2000 元就是一个"锚"，A 花了 1100 元买下这件外套，自然觉得"很便宜"。然而，如果最初的吊牌价是 1180 元，再让 A 以 1100 元的价格购买，她可能就会觉得有点"贵"，因为只减了 80 元。

锚定的本质是比较，在做判断和决策时，我们通常都需要找一个参照物，有时可能是自己找的，有时可能是别人给的。可无论是哪一种，我们都要警惕参照物的合理性和来源的可信性，以免掉进锚定陷阱。

39 为什么红色的价签会让人觉得便宜？

红字效应

红色是吸引人的醒目色，容易让人联想到"赤字"，能直观地令人感到便宜。

我们在卖场里经常会看到红色的价签，特别是服装店，还没有走进门店，就能看到哪些衣服在做特价活动，大致的售价是多少。比如："特价区 99 元 / 件"或"99 ～ 149 元"，即使有些价格原本就是衣服的正价，可是在红色价签的衬托下，也像在做促销活动。

为什么红色的价签会带给人便宜的感觉呢？因为红色很容易让人联想到"赤字"，直观地感觉"买到就是赚到"。当然，这也只是红色价签的好处之一。

红色是醒目的颜色，即使在拥挤的卖场里，也可以让商品的价格一目了然。更重要的是，女性顾客对红色更为敏感，在女性顾客聚集的地方使用红色的价签，更有吸引力。

色彩对人们的心理活动有重要影响，特别是和情绪有非常密切的关系。红色传递给人的感觉是热情、积极、奔放和力量，它会刺激购买行为，对于犹豫是否要购买产品的人来说，红色的价签会起到助推消费的作用。而且，红色令人难忘，即使离开了卖场，人们也很容易记住目睹过的商品及其价格，这就是红色价签的魅力。

40 本来只想买一件，为何最后买了套餐？

诱饵效应

人们对两个难分高下的选项进行比较时，一个新的选项（诱饵）的加入，会使得某个原来的选项突然变得更具吸引力。

麻省理工学院的斯隆管理学院曾经做过一个测试，让100个学生订阅《经济学人》杂志，并提供了三种不同的选择：

A. 花费59美元在网上订阅。

B. 花费125美元购买印刷版杂志。

C. 花费125美元购买印刷版和电子版的套餐。

结果显示：订阅电子版杂志的为16人；订阅印刷版的人数为0；订阅印刷版与电子版套餐的有84人。

被试会做出这样的选择也在情理之中，毕竟花费同样的价格，获得了纸质版和电子版的套餐。通过已知信息，多数学生在推理和分析中得出结论：电子版杂志是免费的。

那么，真实的情况是不是这样的呢？

实际上，这都是杂志方的策略，它最初的目标就是吸引学生订购125美元的印刷版与电子版杂志的套餐。只不过，它担心学生会因为价格太高而拒绝，因此才设置了三种选择方案。

59美元的电子版杂志是设定的"竞争者",目的是与125美元的印刷版杂志作对比;125美元的印刷版杂志是设定的信息"诱饵",有了这个选项,学生们就会意识到,"原来电子版杂志可以免费"。此时,学生们看中的是"我节省了59美元",却忽略了自己根本没必要多花一笔钱去购买印刷版杂志,只要花59美元完全就能够获得杂志的全部内容。

后来,有人对这个测试进行了改动:删除"花125美元购买印刷版杂志"的选项,只剩下"59美元购买电子版"和"125美元购买电子版与纸质版套餐"两个选项。

结果发现:选择花59美元购买电子版的人数达到68人,只有32人选择花费125美元购买电子版和纸质版套餐。很显然,这个时候学生们的选择都相对理智。

之所以出现如此大的差别,最主要的原因就在于,被删掉的第二个选项"花费125美元购买纸质版杂志"是一个诱饵,其作用是误导和刺激消费者,让他们进行对比,并突显目标和竞争者对比时的优势。

诱饵效应是一种依赖情境的选择模式,当人们面对两个不同特质的选项时,突然加入一个诱饵选项,会显得某个旧选项更有吸引力,从而影响人们对原有两个选项的选择概率。诱饵效应的设计很温和,既没有限制人们的选择自由,也没有违背人们的主观意愿,对商家来说绝对是有力的助推手段,凡是有选择的场合,就有诱饵发挥的空间。

很多时候,人们纠结的不是要做出正确的选择,而是要给自己的选择一个合理的说法,诱饵的出现刚好起到了这个作用,它能让人理直气壮地说出"我为什么选择这一个",即目标选项好在什么地方,可以成功地说服他人和自己"我看重的就是这一点"。

另一方面，人有厌恶损失的心理，如果选择了竞品（59美元购买电子版杂志），还是会感觉到损失带来的痛苦，毕竟竞品通常没有诱饵好（125美元购买印刷版杂志），还是需要权衡取舍的。可是，如果选择目标（125美元购买印刷版和电子版杂志），肯定是"只赚不赔"的，因为它各方面都比诱饵更优秀。

诱饵效应是一种认知偏差，有时能够帮助我们更轻松地决策。但在有心之人的特别设计下，它也很容易把我们推向过度消费的旋涡。作为普通的消费者，我们在看清了这一事实之后，购物时就要警惕商家运用的诱饵策略，多提醒自己真正需要的是什么，切忌被那些看似划算实则没有必要购买的"诱饵"迷惑。其实，只要多花几分钟冷静一下，重新审视所有的选项，我们很容易从狭隘的比较中跳脱出来，避免花不必要的冤枉钱。

41 为什么全额付款觉得贵，分期付款却可以接受？

数量效应

一次要支付的金额大小，会给人留下不同的印象，继而影响个体的行为与选择。

小 K 看上了一套质量精良的户外装备，但是价格不菲，整体算下来要 12000 元，完全超出了他的承受范围。毕竟，他每个月到手的工资只有 7000 元。面对这个大额数字，小 K 有点犹豫了，虽然自己有一小部分存款，可是一下子消费 1 万多元，他还是觉得很贵。

这时，小 K 忽然想到了信用卡的分期付款。他核算了一下，按照分期 12 个月计算，每个月只需要还款 1072 元，本金 1000 元，手续费 72 元！相比一次性支出 12000 元，分期付款完全不会影响自己的生活。

就这样，小 K 果断地选择了"分期付款"，买下了自己心仪的户外装备。

在购买价格较为昂贵的商品时，全额付款总会让人觉得很贵，可是换成了分期付款，人们就不会觉得那么贵了，从而更愿意进行消费，这种现象被称为"数量效应"。

选择全额付款时，要面对的通常是一个压倒性的大数字；可分期付款时，一次只需要支付几十元、几百元，最高也不过千元左右，就让人在心理上松了一口气,觉得便宜了很多。这说明,一次要支付的金额大小,会给人带来不同的心理感受,从而使人做出不同的行为和选择。

分期付款看起来很优惠,特别是碰到手续费打折或免息时,但真的是这样吗?

我们来给小 K 算一笔账:从绝对值上来说,每个月多付 72 元的利息,他可以提前享受一套户外装备,听起来是很合适的。可是,从贷款的角度去核算一下年利率,你会发现它并没有看上去那么美好,因为它的年利率不只是"$72 \div 12000 \times 12 = 7.2\%$"。

第 1 期:小 K 欠银行本金 12000 元,手续费 72 元,本期年利率是 $72 \div 12000 \times 12 = 7.2\%$;

第 2 期:小 K 欠银行本金 11000 元,手续费 72 元,本期年利率是 $72 \div 11000 \times 12 = 7.85\%$;

第 3 期:小 K 欠银行本金 10000 元,手续费 72 元,本期年利率是 $72 \div 10000 \times 12 = 8.64\%$;

第 4 期:小 K 欠银行本金 9000 元,手续费 72 元,本期年利率是 $72 \div 9000 \times 12 = 9.6\%$;

……

第 11 期:小 K 欠银行本金 2000 元,手续费 72 元,本期年利率是 $72 \div 2000 \times 12 = 43.2\%$。

第 12 期:小 K 欠银行本金 1000 元,手续费 72 元,本期年利率是 $72 \div 1000 \times 12 = 86.4\%$。

每个月 72 元的手续费没有变,可实际的利率并不是恒定的 7.2%,

它会随着小K欠款数额的递减而递增，每一期的实际利率会越来越高。所以说，这个看起来很美好的分期付款，实际是一个利率陷阱。

　　生活中的利率陷阱，不仅存在于各种分期付款和贷款利率中，投资产品、理财型保险的收益率也可能存在类似的陷阱，人们一不小心就会被误导。更重要的是，受数字效应的影响，我们会丧失消费实感，在心理上认为每月支付1072元比一次性支付12000元要"便宜"，从而导致过度消费。

42 为什么商品的价格不标成整数？

尾数效应

商品的定价以零头结尾，会让人在心理上感觉更便宜。

当我们在超市或商场看到"9.9 元"或"49.9 元"这些数字标价，总是直观地觉得很便宜，从而产生购买欲望，这种现象叫作"尾数效应"。尾数效应不只存在于中国市场，美国、英国、新西兰等国家也会采取类似的定价策略。

2011 年，曾在苹果担任副总裁的罗恩·约翰逊加入杰西潘尼，出任 CEO 的职位。不久之后，他在各个连锁店内推行了一个"天天低价"的定价政策。这个定价活动的核心，就是把价签上的数字从零头变成整数，比如：原本标价 18.99 美元的一条牛仔短裤，现售价改为 19 美元或 20 美元。此番调整的初衷是让价格更清晰，表示一份简单和坦诚。

约翰逊认为，这个定价策略的改变肯定能让消费者买单。事实很残酷，杰西潘尼的销售额在第二年几乎下滑了 30%！当时，美国经济仍然处于恢复的早期，不能说销售额下滑完全是约翰逊调整定价策略所致，但是有一点可以肯定，这个策略并没有发挥什么效用。

虽然 18.99 美元和 19 美元之间只相差 0.01 美元，几乎可以忽略不计，可为什么把价格末尾的零头换成整数，人们完全不买账呢？原因很简单，人们认为以零头结尾的定价更"便宜"！

一件标价"19.9元"的商品，往往会被人们归为"不到20元"的一档；如果多了1毛钱，就会被归到"20元"的一档。当价格的头一位数从"1"变成了"2"时，消费者会感觉这商品贵了一个"档"，并不是客观上的1毛钱。尤其是购买大件商品时，一款沙发标价"4999元"，人们依然觉得它是"4000多元"；可若标价变成整数"5000元"，哪怕只是多了1元，人们也感觉像是"贵了1000元"。

人们对数字大小的判断会受到多位数中最左侧数位的影响，这种现象也叫"左位数效应"。所以，不要小看价格上一个小小的改动，有时只是提高或降低1分钱，也会大幅度地影响人们对这件东西售价的印象，进而影响购买决定。

43 为什么人们愿意买下自己动手做的东西？

宜家效应

人们通常会对自己亲自创造或制作的东西给予更高的评价，且获得更大的满足感。

在宜家买过家具的朋友们都知道，宜家的家具大多是需要自己来组装的，请师傅上门组装是要单独收费的。在懒人经济盛行的当下，人们都在花钱买便利、买时间，多数商家也在努力提供这类服务，直接把家具成品送上门多省事，为什么宜家要反其道而行呢？

经济学家丹·艾瑞里、丹尼尔·莫孔和迈克尔·诺顿在《消费者心理学杂志》上发表的一篇论文中指出，仅仅是参与劳动的过程，就能让人们对自己劳动的成果产生更深的喜爱。他们形象地称这种现象为"宜家效应"，即人们在创造过程中投入的情感与时间越多，那件物品在他们心中的价值就越大。

丹尼尔·莫孔曾经做过一个实验，来证实宜家效应的存在。

研究员指导A组被试学习如何折叠纸鹤和纸青蛙，B组被试作为观察者不参与制作过程。完成学习或观察后，研究员问所有被试，他们愿意支付多少钱来获得这些手工作品。亲手制作纸鹤和纸青蛙的A组被试，平均愿意支付23美分来回购自己的作品；仅仅作为观察者的B组被试，认为这些折纸作品仅值 5 美分，两组之间的出价差异接近五倍。

接着，研究院邀请了两位公认的折纸艺术家，他们创作了一系列精美的纸鹤与纸青蛙。随后，让之前仅作为观察者的 B 组被试对这些专业级作品进行估价。这一次，他们的平均出价达到了 27 美分，显示出对专业技艺的认可与欣赏。

宜家提倡客户自己动手组装家具，是为了增强消费者的参与感，拉近他们与产品之间的距离，并建立起情感联系。当你亲手组装完一个柜子时，你往往会不自觉地给这个柜子赋予更高的价值，因为你已经为它投入了劳动、时间以及情感。

网店上的 DIY 油画一直很受欢迎，许多人喜欢购买带有底稿的油画套装，使用卖家提供的颜料和画笔，按照说明书一步步上色，并最终装裱起来。尽管这些作品并非完全原创，但人们在潜意识中却认为它们是自己创作的艺术品，并乐于在社交媒体上分享这份成就。

有些时候，我们只是出于好奇，想尝试一下某个物品的制作过程，但最终花了额外的钱买下自己亲手制作的东西，认为它有特别的价值和意义。事实上，这种因为自己的劳动和情感投入而产生的价值感，不过是一种心理上的错觉。下一次遇到参与创作的机会时，不妨保持一份冷静和客观，试着从旁观者的角度去看待自己的作品，以免陷入过度自我肯定的陷阱。这样你就能更加理性地评估自己的劳动成果，减少不必要的消费冲动。

44 限量版的商品，为何总是遭到疯抢？

稀缺性偏差

当某些商品很难买到或有限制时，人们感知到的这些商品的价值会增加。

假设你面前摆着一只金碗和一只铝碗，可以任选其一带回家，你会怎么选？

这个问题简直不需要思考，当然是选择金碗了！因为黄金的价格比铝贵，且还可以保值！没错，这是我们现代人在今天所做的选择，可如果这件事发生在一百多年以前，情况却刚好相反，人们一定会毫不犹豫地选择铝碗！

当年，法国皇帝拿破仑三世为了彰显自己的富有与尊贵，命令官员为自己制造一顶铝王冠。他戴上这顶铝王冠，神气十足地接受百官的朝拜，并大摆筵席。宴会上，只有拿破仑三世使用一套铝制的餐具，而其他官员使用的都是黄金或白银所制的餐具。

为什么在一百多年前，铝会夺得世界最贵金属的头衔呢？

答案依旧是，稀缺性！铝是地壳中含量最丰富的金属元素，占整个地壳总质量的 7.73%，仅次于氧和硅，是铁含量的 1.6 倍。我们脚下的土地，随意地抓一把，可能就有不少铝的化合物。但是，铝的化学性质十分活泼，一般的还原剂很难将其还原，所以冶炼铝是一件极其困难的事。

如此稀有罕见的金属铝，自然就要比其他金属贵了。

从铝被发现到制成纯铝，共经过了一百多年的时间。1886年，毕业于美国欧柏林学院化学系的一位名叫查尔斯·马丁·霍尔的青年，发明了电解制铝法。半个多世纪后，全世界的铝产量超过铜产量，成为有色金属之首，不再是稀缺品，铝的价格也就便宜了。

当某件商品很难得到，或是有销售期限，或是对购买资格加以限定，就很容易让人感受到商品的稀缺性，从而觉得这个东西比较珍贵、颇具价值，这种心理倾向叫作稀缺性偏差。

蛋糕房的橱窗里有两款甜品看起来都很好吃，一款剩余较多，另一款所剩无几。人们往往会购买"所剩无几"的那款，认为它会更好吃。再如，人们原本不想买某个东西，可是听说即将售罄，反而会涌起想要拥有它的欲望。

稀缺性偏差经常会被一些商家利用，刻意制造商品短缺的现象，增加消费者对拥有该商品的欲望；甚至有一些网红店，刻意花钱雇佣一些人在门外排队，显得自己的商品很受欢迎，让消费者产生一种"人人都抢着买"的错觉。

事物的价值取决于这个事物对特定人群的效用，与多少人争抢毫无关系。千万不要因为看到他人争相购买，就觉得这个东西一定很好；也不要因为有人与你竞争，就轻易改变你对一件事物的估值。若是因为某个东西限量，挤破头皮去抢购，付出的可能是一个远远超过它合理价值的价格。认识到稀缺性偏差的存在，有助于我们更加客观地评估事物的价值，破除"物以稀为贵"的执念，停止非理性的购买行为。

45 买了新房子，就要把家具全换新吗？

配套效应

人们在拥有了一件新的物品后，会不断配置与其相适应的物品以达到心理上的平衡。

抽奖得了一个旅行箱，立刻就想到去哪里旅游；朋友送了一款墨镜，随即就想到要搭配什么样的帽子和饰品更好看；买了新房子，就想把所有的家具都换新，感觉旧的那些似乎配不上新房子的环境……如果这些现象戳中了你，那你应该了解一下"配套效应"。

18世纪，法国哲学家丹尼斯·狄德罗收到朋友送的一件质地精良、做工考究的睡袍，他穿着新睡袍在书房里走来走去，总觉得身边的装修是那么不协调：家具或是太破，或是风格不符，地毯的针脚也粗得吓人。为了和睡袍相配，他把旧的东西陆续更新，书房终于跟上了睡袍的档次。可这时候，他心里却不舒服了，因为他发现自己居然"被一件睡袍胁迫了"。于是，他就写了一篇文章——《与旧睡袍别离之后的烦恼》。

人们在拥有了一件新物品后，总倾向于不断配置与其相适应的物品，以达到心理上的平衡，这种现象被称为配套效应。配套效应反映了人们对和谐的一种追求，比如：穿衣搭配时，力求帽子、围巾、衣服、鞋子之间在色彩和风格上相统一；在装修家居时，注重家具、灯具、地板、电器等风格的协调。追求和谐之美本身没什么问题，怕的是不假思索地跳进配套效应的陷阱。

很多商家都会利用配套效应来推销商品，告诉你那件羊绒大衣与你的气质多么相配，那双昂贵的鞋子多么能彰显你的身份……总之，它们都是你不得不拥有的"狄德罗商品"。一旦你买下了那件品质超好的羊绒大衣，就会考虑是不是再把那双鞋也入了？毕竟，那样会显得更加"体面"。当你落入了这个怪圈之后，接下来可能还会想到搭配什么首饰、做个什么发型……外界的和心里的压力会使你不断地买下更多非必需的东西。

欲望无穷无尽，钱包容量有限，如何才能摆脱配套效应的摆布呢？

谨记添置物品的第一要务——选择必需品，非必需的东西尽量不买。新鲜有趣的物品，总是层出不穷的，身处在万花筒一样的世界，我们时刻都要面对诱惑。在这样的环境下，我们要识别什么是欲望，什么是自己真正需要的。很多时候，我们对物品的追逐并不是源于需要，而是因为被欲望牵制，或是随波逐流，或是出于世俗虚荣，才陷入了对物质的迷恋中。

每天晚上躺在床上时，不妨回想一下：支撑自己这一天生活的物品到底有哪些？我们真正需要的东西有没有想象中那么多？这样的反思，往往会让我们惊讶，就如同苏格拉底到闹市逛了一圈后，最后感叹：这个世界上，原来有那么多我并不需要的东西！

46 使用扫码支付后，你的花销增加了吗？

无现金效应

无现金支付缺少"透明度"，人们很少会从中感受到花钱带来的心理痛苦，从而也更容易花掉更多的钱。

此刻，如果你方便的话，不妨打开微信或支付宝，查看一下上月或本月的账单。对照一下账单上的支出数字，看看是否超出了你的预期。你是不是会心生感叹：没觉得自己乱花钱呀，怎么花了这么多？

没有感觉到花钱，不等于没有花钱，因为扫码支付的形式，没有让你切身感受到从钱包里掏钱、付账、找零的过程，缺少了对花钱的实感，你未体会到花钱带来的心理痛苦，因此越花越多。相反，如果使用现金支付，掏钱给对方，再换来相应的商品，就会对花了多少钱产生强烈的实感，同时也更容易产生消极情绪，从而有所节制。

行为经济学表明，不使用现金会让人们花更多的钱。

现在的电商平台应有尽有，想买什么一键加购，甚至可以免密支付。我们感受到的只有对心仪商品的喜爱与向往，体验到的是积极的情绪，完全失去了"花了多少钱"的实感与"浪费了多少钱"的消极情绪，往往就会大手大脚地花钱。

照此说来，我们是不是应该告别电子支付，重新使用现金支付呢？

当然不是！银行卡和电子支付既安全又便捷，我们没有理由抛弃科技带来的福利。但我们可以适当做一些调整，根据商品的性质来选择不同的支付方式。

如果是健康或教育类的投资消费，刷卡或电子支付就很好，因为使用现金会让你真切地感受到"花钱的痛苦"，从而不舍得花这笔钱。如果是为"秋天的奶茶""午后的咖啡"买单，最好选择现金支付，因为在清点和递出现金的过程中，"花钱"的实感会增强，你不会被温热的奶茶和醇香的咖啡所勾起的积极情绪淹没，不知不觉花掉很多钱。

47 一个人能不能随心所欲地做决定呢？

社会偏好

人们总是会在意他人的存在，在做决定时会听取周围人的意见或顾及他人的看法。

理性经济人假设认为，人具有完全的理性，在给定约束下追求自己利益的最大化。这一理论源于英国经济学家亚当·斯密在《国富论》中的一段话："我们每天所需要的食物和饮料，不是出于屠户、酿酒家和面包师的恩惠，而是出于他们自利的打算。我们不说唤起他们利他心的话，而说唤起他们利己心的话，我们不说我们自己的需要，而说对他们有好处。"

理性经济人的含义强调了两个关键点：第一，自利，即追求个人利益最大化；第二，理性，即人会审时度势地判断，做出有利于实现自身利益最大化的选择。这是不是意味着，现实中的人们在做决定时会极端功利、精于算计，只考虑自己不顾及他人呢？

显然不是！人们在做决定时，一定会听取周围人的意见，顾及他人的目光，甚至还会将自己与周围人比较。这种时刻考虑他人的心理叫作"社会偏好"，它不仅是人类特有的行为特征，也是行为经济学的特征之一。因为人与人之间不仅会交换物质性的商品或金钱，还交换社会性的商品，如服务、信息、地位、爱等。

48 他人在场会影响我们的购物选择吗？

在场效应

人们的决策会因周围恰巧有其他人而发生改变。

美国印第安纳大学的心理学家诺曼·特里普利特，非常热衷于自行车比赛，经常观看比赛。他在对1897年美国自行车联赛的观察中注意到了一个明显的现象：那些与他人竞争，或受他人影响的自行车运动员，似乎比那些和时间赛跑的运动员表现得更出色。

特里普利特是一个天生的实验主义者，在将自己的直觉发现公布于众之前，他对自己的观察和推测进行了实验室研究。他招募了40名当地的儿童来缠绕鱼线卷，每个鱼线卷都固定在一个Y形的框架上，要求儿童以最快的速度完成。有时，这些儿童被要求单独绕线，有时是两人一组来进行。实验结果和特里普利特预想的一样：当儿童一起绕线时速度会更快。

对于这种现象，特里普利特总结道："另一位竞争者在场会激发选手的潜能。"

这一结论引起了多位研究者的兴趣，他们纷纷开始探索他人在场与个体表现之间的关系并开展了一系列实验，其中有一个"5美元电池的实验"，印证了人们的决策会因周围有其他人而发生改变。

研究员给被试 5 美元，让他们到商店里购买一块电池，并表示剩余的零钱归被试本人所有。在被试选购电池的过程中，实验助手会适时假扮顾客出现在其身边。

按照理性经济人的假设，被试应当选购最便宜的电池，以此获得更多的零钱。那么，被试是否会按照这一标准来选购电池呢？

当摆放电池的货架周围没有其他顾客，只有 33% 的被试购买了货架上最贵的名牌电池；当被试身边有一名顾客时，有 42% 的被试选购了最贵的电池；当身边的顾客增加到 3 人时，有 63% 的被试购买了货架上最贵的名牌电池。

对被试来说，周围的顾客都是素不相识的人，与自己没什么交集，既不会过分关注自己的行为，也不会说任何话。可就是这些陌生人的存在，却影响了被试的行为。

这个实验印证了在场效应的存在，颇为有趣的是，被试并没有意识到自己受到了他人在场的影响。如果你问他们，为什么要选择名牌的电池，他们多半会告诉你，名牌的电池更耐用。这不是掩饰，也不是撒谎，而是"周围是否有其他顾客"这一环境因素只在人们的潜意识中发挥作用。剑桥大学芭芭拉·萨哈基安教授的研究表明，人每天要做出多达 35000 次决策。你能意识到自己做了这么多决策吗？

49 为什么人们总想和多数人的行为保持一致？

羊群效应

在信息不对称或不确定的情况下，人们会与周围人保持一致想法，并采取相同的行动。

法国科学家法布尔曾经做过一个松毛虫的实验：他把若干松毛虫放在一个花盆的边缘，让其首尾连接成一圈。之后，又在花盆的不远处，撒了一些松毛虫喜欢吃的松叶。松毛虫一个接一个地绕着花盆转圈，一连几天都是如此，最终在饥饿与疲累之下尽数死去。

其实，只要那些松毛虫中任何一只稍微改变一下路线，就可以吃到松叶，不至于集体被饿死。可惜，它们没有这样的智慧。我们常常会嘲笑这些低级动物没有"头脑"，实际上，有着逻辑思维的人类，也未见得在任何情境下都是理性的、睿智的。

社会心理学家所罗门·阿希在1951年设计了一个著名的心理实验：

参与实验的被试被分成7人一组，围坐在一张桌子旁。研究者向他们展示了一系列大的白色卡片，在一张卡片上有1条竖直的黑线（标准线），在另一张卡片上有3条长度不等的竖直黑线（比较线），其中1条比较线的长度与标准线完全相同，而另外2条线的长度与标准线不同。

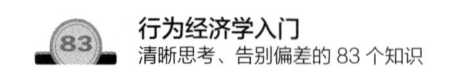

七名被试依次回答，3条比较线（A、B或C）中的哪一条与标准线的长度相同。

在正常情况下，99%的人都能选出正确答案。可是，实验中的情境有些特殊，每组的七位被试中只有第六位成员是真被试，其他六人都是实验助手，他们被要求在回答问题时给出一致的错误答案。在18次选择中，实验助手有12次故意出错，在这样的情况下，你认为被试选择正确答案的概率是多少？

实验结果显示：被试最终的正确率是63.2%，有75%的被试至少有一次选择了与实验助手们相同的错误答案，其中有5%的人从头至尾都选择了与实验助手一致的错误答案，只有25%的被试一直坚持自己的观点，即正确答案。

这个实验的测试题是很简单的，且被试都是大学生，可测试的结果却令人意外。阿希的实验揭示了一个事实，人具有从众心理，如果发现自己的想法和行为与多数人不一致，就会感受到一种压力，担心被群体边缘化，没有归属感与安全感。在对被孤立的恐惧中，人们会放弃自己的意见和想法，趋向于与群体保持一致。

在信息不对称或不确定的情况下，人们选择随波逐流，是为了避免做出错误的决策而后悔。在投资领域也经常出现，许多股民在选股时，总是瞄准大家都看好的股票，即使股票下跌了，也觉得没什么，反正错的不只"我"一个人。这种从众跟风的心理，在行为经济学中被称为"羊群效应"。

从众具有两重性，积极的一面是可以克服固执己见、过度自信，修正自己的思维方式；消极的一面是会束缚思维、扼杀创造力，让人变得没有主见。多数人的意见和做法不是评判是非、衡量好坏的标杆，我们一定要辩证地看待，保持独立思考的能力，基于理性和事实来做决策，避免成为羊群效应的牺牲者。

50 总说下次不再这么做,为何下次还是这么做?

自我羊群效应

人们现在及以后的行为,会受到之前行为的影响。

人在头脑发热时经常会被情绪左右,做出一些非理性的行为,比如:给上司发一封言辞激烈的邮件,对父母或伴侣说一些扎心的话,冲动之下买了超出经济能力的东西……当这股冲动过去后,我们总是会一边捶胸顿足地懊悔,一边暗自下定决心:"下次绝对不会再这么做了!"

下次真的不会再这么做了吗?很遗憾,这只是一种理想的状态。行为经济学家告诉我们,我们总是会跟随自己过去的行为,这种无意识的习惯被称为"自我羊群效应"。

某天下午,你出去拜访客户,回来的路上又累又倦。刚好,路边有一家咖啡厅,你被它的装修风格吸引了,它看起来是那么舒适惬意,你想喝点东西休息一下,就径直走了进去。

没想到,这里的咖啡价格不菲,一杯普通的美式也要38元。你心想:"既然已经来了,就尝尝这个价格的咖啡有什么特别之处吧!"你做了一个让自己都感到吃惊的决定,点了一杯48元的桂花拿铁,坐在靠窗的角落品尝它的味道,享受了一个小时的美好时光。

数日后,你再次路过这家咖啡店时,你还会进去吗?此时,自我羊群效应就发挥效用了。你多半会想："这家咖啡店环境很好,我喜欢那里的咖啡……"于是,你又走了进去。

这种行为以后可能还会重复多次,最初喝咖啡时的那份惬意体验就是"领头羊",而你已经加入了自我的"羊群",开始不断重复最初的行为,直至它成为习惯。

自我羊群效应并不神秘,从脑科学的角度来看,任何行为都会在我们的脑中形成一个特定的神经元回路,每重复一次该行为,都是对该行为的一次强化,久而久之就形成了习惯。这个过程就像是骑自行车,从不熟悉到熟悉,最后形成"肌肉记忆"。无论是好习惯还是坏习惯,一旦形成就意味着它已经成为一条稳固的神经元回路,我们很难在行为上克服它。

51 为什么见同事出手阔绰，自己就也咬牙买了贵的？

示范效应

人们的消费行为，会受到周围人消费水准的影响。

人们在认识和处理自己的收入、消费及其相互关系时，会不自觉地和其他消费者比较，以认定自己的所属，这种现象叫作示范效应。

R 和新同事相约一起逛街。到了商场以后，R 发现同事花钱特别爽快，虽然拿着和自己一样的工资，但买的化妆品都是大品牌的，衣服也都是四位数的，这让 R 感觉有些尴尬，不好意思去看两三百元的打折衣服。新同事比 R 小两岁，R 觉得如果今天什么都不买或者买点便宜的东西，多少会显得有些寒酸。

就这样，R 一狠心，花了半个月的工资，给自己买了一件连衣裙。可是，回到家以后，R 就有些后悔了。那位女同事是单身，住着自家的房子，每个月只要承担一个人的生活费就行了。R 去年刚结婚，每个月都要还房贷，现在一下子花掉了半个月的工资，着实让 R 觉得有些心疼，更引发了焦虑感。

万事达卡国际组织曾经对来自亚太地区的 5406 位消费者进行过调查，结果显示：有 16% 的消费者在消费方面受到同龄人的影响；11% 的消费者受到媒体的影响。

人们的消费行为不仅受收入水平的影响，还受到收入与自己相近的人的消费行为的影响。在看到他人因收入水平或消费习惯的变化而购买高档消费品时，哪怕自己的收入没有变化，也可能会效仿他人增加自己的消费开支。比如，R 看到与自己收入差不多的同事给自己买东西时那么爽快，消费心态受到了很大的冲击，致使她开始效仿对方的行为。

人们在消费方面的效仿对象并不是随意的，一个年轻的女孩可能会跟她的朋友、同事、同学穿同类型的衣服，做同款的发型，用同类的电子产品，但她们绝对不会跟自己的妈妈、阿姨穿同类的衣服。因为消费者中包含着许多群体，多数消费者都会自觉或不自觉地把自己算在一定的群体内，其消费就会向这个群体内的其他人看齐。

示范效应的影响力是很大的，甚至可以跨越国界。当某一国家的居民接触到其他国家居民购买高档消费品时，也可能会仿效别国居民从而改变自己的消费习惯。这也意味着，消费的示范效应会造成低收入水平国家居民的消费需求远远超出他们正常的水平，从而导致居民储蓄不足和国际收支严重逆差等问题。

现下有不少年轻人把工资都用在买网红产品上，看见视频直播上的模特穿得很好看，销量火爆，心里就"种草"了，只有买了才不惦记。入手一件物品之前，根本不去想自己是否真的需要，这件东西对自己是否有价值。疯狂地"买买买"时觉得很满足，直到看见账单才发现自己已经严重透支了。所以，我们应当在消费时多一分理性，因为一旦陷入示范效应中，不但容易被商家利用，也会让自己冲动消费。

52 奢侈品那么贵，为什么还有人争相购买？

炫耀性消费

人们会通过购买价格昂贵的商品来满足虚荣心。

网络上有篇报道曾经一度引发热议："'90后'女护士欠几十万网贷被赶出门，为维持精致生活月花数万。"故事的情节并不复杂，没有高利贷，也没有诈骗，就是一个年轻女性为了维持所谓的"精致生活"，从正规贷款机构屡次借贷。在母亲为其偿还了二十多万元的债务后，她又去借贷，最后被母亲告知——你不是我女儿，你是领养的。

这位年轻的姑娘就是普通的工薪族，每月拿着几千元的工资，可她崇尚并追求的生活是这样的画风：上下班只坐网约车，中午吃饭叫外卖，路过星巴克必买一杯；休息日从不在家待着，约朋友吃饭、唱歌、泡酒吧；只要喜欢的东西就买，几年时间换了十几块手表……虽然每次的支出不是很多，但频率很高，一段时间下来自然就成百上千。

随着经济的发展，人们的消费习惯开始随着收入的增加而改变，从最初追求数量和质量，逐渐过渡到追求品位。许多人出门一定要打车，买包一定要奢侈品牌，手机非苹果不用，家电一定要选戴森……《中国奢侈品报告2019》显示，在中国奢侈品消费者中，"80后"与"90后"占比为71%。同时，"90后"人均负债12.79万元。

其实，人们购买这类商品，并不仅是为了获得直接的物质满足和享受，更多的是追求心理上的满足。美国经济学家索尔斯坦·凡勃伦在其著作《有闲阶级论》中将这种"以表现财富或收入为目的而花费于商品或劳务的消费行为"称为"炫耀性消费"。

N狠下心买了一辆高档轿车，结果不到一年的时间，价格跌了近十万元。朋友对他深表同情，可他却说："我心疼的倒不只是那些钱，而是价格下跌后，这辆车的档次也跌了。"这番话背后还有没说出来的潜台词，当爱车的档次跌下来之后，他的面子也跟着跌了下来。

炫耀性消费的心理引发了一种奇特的现象，即某些商品价格定得越高，就越能受到消费者的青睐，这种现象后来被称为"凡勃伦效应"。不少商家认识到了凡勃伦效应，就开始借助媒体宣传，把自己的形象转化为商品或服务上的声誉，让商品附带一种高层次的形象，给人以"高档""名贵""脱俗"的印象，从而增强消费者对本企业商品的好感。

在物质条件允许的情况下，收藏艺术品、享受精致的生活没什么问题。然而，若是为了虚荣让自己负债累累，那就违背了享受生活的初衷。这种负债的炫耀性消费，折射出的是内在的空虚与不安，仿佛那些东西可以让自己变得更有价值。以透支去追求虚荣，掉进炫耀性消费的陷阱，过着不属于自己的生活，最终只会被困于难以承受的痛苦之地。

53 以为有了车会很开心，为什么结果也没那么开心？

聚焦错觉

当人们过于关注事物的某一方面时，往往会忽略其他重要的因素，产生不准确的判断。

没有车的时候，W整日想着，要是有一辆自己的车该多好。那样的话，上班就不用挤公交地铁了，还能躲开风吹日晒，在路上听着自己喜欢的音乐，周末带着家人和宠物一起出去玩，逢年过节也可以自驾回家，不用苦兮兮地抢火车票了。

今年夏天，W终于顺利拥有了自己的汽车。可是，喜悦的心情只持续了很短的一段时间，工作的烦恼依旧在，人际的困扰并未减少，车子每周都要加油，偶尔还会出现一点故障需要送去维修……原以为有了车会很开心，实际上并没有想象中那么开心。

几乎每个人都有过类似的体验，或是高估某件事情给自己带来的愉悦，或是高估某件事情给自己带来的痛苦。事实上，我们并不能准确预测未来的情绪状态，特别是对情绪强度和持续时间的预测，经常会出现很大的偏差——有车有房的生活仍然少不了被琐事包围，没有恋爱的生活也还有其他的乐趣。

之所以会出现情感预测偏差，是因为当我们全面地评价自己的生活时，往往会过分关注眼下的某些重要问题，从而忽视其他影响情感的因素，这种心理现象叫作"聚焦错觉"。

丹尼尔·卡尼曼与同事戴维·施卡德曾经针对来自加利福尼亚州和来自俄亥俄州、密歇根州等中西部地区的大学生开展过一项实验，旨在了解两个问题：第一，加利福尼亚州的居民是否比其他州的居民更幸福？第二，大众感觉加利福尼亚州的居民相对比较幸福的根据是什么？

实验结果显示：来自加利福尼亚州和中西部的大学生，对于人生的满意度并没有明显的差异。可是，他们对气候的态度却有很大差别。加利福尼亚州的大学生喜欢温暖、阳光明媚的气候，中西部地区的学生厌恶当地夏季炎热、冬季寒冷的气候。

很显然，气候不能决定一个人的幸福，但这个实验的结果却反映出，人们会误认为气候条件良好的加利福尼亚州的居民更幸福。加利福尼亚州的阳光是很好，可它也存在住房贵、交通拥挤等问题，人们之所以会出现这样的聚焦错觉，就是因为过分重视气候，忽略了其他影响幸福的因素。

丹尼尔·卡尼曼指出，人们对自己的幸福感进行评估时，常用一些易联想到的部分来替代整体的评估，并且会受到当日情绪、评估之前关注的事物的影响。所以，聚焦错觉常常会影响评估的准确性、客观性，致使我们过分夸大某件事情对未来幸福感的影响，或是夸大购买某件商品给自己带来的效用。在人际相处中，聚焦错觉还可能会让人用坏的想法去揣测对方，这也是为什么伴侣之间彼此都看不到对方的观点，彼此都带着很大的恶意来互相猜忌。

聚焦错觉本质上是过分"聚焦"某个方面，致使被聚焦的信息干扰了我们的知觉与感受，用一句古语来形容就是"一叶障目，不见泰山"。想要避免聚焦错觉，就要随时提醒自己影响当前局面的因素是多方面的，并用不同的视角和思维模型去考虑问题，正如丹尼尔·卡尼曼所言："生活中没有什么东西，跟你正在想它时所认为的一样重要。"

54 刷直播下单的人,买的只是商品吗?

光环效应

人们会因为对方某一品质突出,从而对这个人其他方面的品质也给予较高的评价,乃至喜欢上与之有关联的商品。

近年来,网红或艺人直播带货非常火爆。相关数据显示,2021年1月17日,某歌手直播带货持续12小时,观看人数累计达1176.3万人次,销售额突破1亿元;该月底,另一位艺人开设专场直播带货,观看人数累计459万人次,销售额达1033.4万元。

如此惊人的关注量和销售额,让人不禁感叹,为什么会有这么多人在直播间里下单?他们是被产品本身吸引了,还是被直播间里的人吸引了呢?

其实,绝大多数消费者在直播间里买的并不是商品,毕竟在产品同质化的今天,想要找到"平替"只是分分钟的事情。让他们心甘情愿付费的,是对主播的信任与情怀。

人们在人际知觉中很容易形成以点概面的主观印象,网友会因为喜欢或欣赏某位网红主播或艺人,从而喜欢和信任他们推荐的商品,这就是心理学上说的"光环效应"。

20世纪20年代,美国哥伦比亚大学心理学家桑代克,在军队中开展了一项实验研究。

研究员要求军官们从智力、体力、性格、领导力等多个方面，对士兵进行评分。结果显示，军官们一致认为，那些相貌端正、身姿挺拔的士兵，在各项能力上出类拔萃，如意志力更强、军事技能出众、个人品德高尚。

基于实验结果，桑代克提出了"光环效应"，即如果某一事物的某种特征给人们带来了好（或坏）的主观印象，那么这种印象会驱动人们对这个事物的其他特征做出相同的评价。

光环效应的本质是以偏概全，即对某人或某物的认知和判断只从局部出发，然后扩散而得出整体印象。这种主观的心理臆测，只是抓住事物的个别特征，习惯以个别推及一般，就像是盲人摸象，容易把本没有内在联系的一些个性或外貌特征联系在一起，断言有这种特征必然会有另一种特征。

以直播带货为例，几乎每隔一段时间就会爆出一个"翻车事件"：某网红卖酒被网友们指责，某老戏骨因直播"名声扫地"，某主播推荐劣质彩妆……直播间里的商品不都像宣传中那么好，有些东西甚至质量堪忧，那些一度被主播"光环"遮蔽理性的消费者，在度过了"好奇期"与"冲动期"后，终会回归理性思考的轨道，对直播产品建立客观的认知。

从进化心理学上看，光环效应是人类节省认知资源的一种表现，但它终究是一种以点概面、以偏概全的认知偏差。要克服光环效应，需要提高自我认知、注重内在品质、培养多元化思维，切忌过分依赖第一印象，将外貌形象与能力品行联系起来。因为第一印象往往会在我们的认知中形成锚定效应，从而影响我们对其他特质的评价，产生错误的判断。

辑四
思考 VS 转化

如何清晰思考，

提升决策质量？

55 当信息扑面而来时,你会全盘接受吗?

批判性思考

要保持思考的自主性与逻辑的严密性,而不是被动地全盘接受信息。

长颈鹿:"小兔子,你知不知道,拥有一个长脖子是一件多么美好的事?"

小兔子眨了眨眼,好奇地问:"真的吗?快和我说说。"

长颈鹿得意地扬起头:"每当我吃到好吃的食物,它们都会缓缓地经过我的长脖子,让我能细细品味,享受那种持久的满足感,简直是太幸福了!"

小兔子在一旁静静地听着,看着长颈鹿在河边自恋地对着水面整理着自己的形象。长颈鹿又补充道:"在炎热的夏天,清凉的水流过我的长脖子,那种舒爽的感觉简直无法用言语来形容。小兔子,你能想象得到吗?真是太可惜了,你永远也无法拥有这种感受。"

小兔子慢悠悠地回了一句:"那你有没有试过呕吐呢?"

试想一下:沉浸在自恋中的长颈鹿,听到小兔子最后的那句发问时,会是什么反应?如果有人像长颈鹿一样,滔滔不绝地向你灌输某一种观点,宣扬某一件东西是多么好(或多么不好),你是会选择全盘接受,还是会像小兔子一样抛出质疑的问号?

在这个信息爆炸的时代，我们每天都会接收到大量的信息，每一条信息都包裹着一层看起来真实可信的外衣。在面对这些眼花缭乱的信息时，想要保持清醒、做出理性的判断，有一项能力不可或缺，那就是批判性思考的能力。

所谓批判性思考，就是谨慎地运用推理，去断定一个断言是否为真的能力。在中文的语境中，"批判"一词带有批评、判断对错的意思，但在这里它不是刻意地带着偏见去驳斥某一个观点的意思，而是指保持思考的自主性与逻辑的严密性，不被动地全盘接受信息。

假设你看到了有关"我们该不该避免阳光直射"这一问题的报道：

报道1：美国疾控中心指出，太阳紫外线的照射可能是诱发皮肤癌的一个最重要的因素。

报道2：世界卫生组织说，在世界范围内，紫外线的照射只是诱发疾病的一个微不足道的原因；且在世界范围内，少晒太阳的人比经常晒太阳的人患病概率更大。

你会完全相信这些说法吗？还是会产生其他的思考？

实际上，这涉及两种不同的思维方式——海绵式思维和淘金式思维。

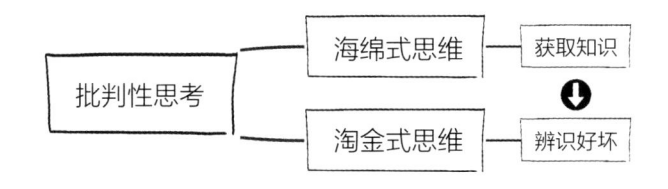

```
                    ┌─ 海绵式思维 ─ 获取知识
    批判性思考 ─────┤              ⬇
                    └─ 淘金式思维 ─ 辨识好坏
```

海绵式思维是指像吸水的海绵一样被动地、无差别地吸收来自外部的信息。这种方式可以在短时间内吸收大量的信息，无须烦琐的思考过程，但无法对繁杂的信息进行评判和取舍。

淘金式思维则是主动在获取知识与信息的过程中与其产生互动，并像淘金者一样在谨慎思考与分析后过滤掉"泥沙"，留下有价值的"金子"。

海绵式思维强调知识获取的结果，而淘金式思维重视在获取知识的过程中积极地与之展开互动，两种思维方式是可以互补的。在批判性思维者身上，这两种思维方式常常是并存的。"淘金"建立在有一定程度的信息量和知识储备的前提下，而海绵式思维则是收集大量信息和知识的重要方式，也是思考问题、辨识好坏的基础。

很多时候，我们并不认为自己在面对繁杂的信息和观点时，像海绵吸水一样全盘地接受了，但似乎又没能做到有逻辑、有理性地思考并判断。因为在进行思考的时候，我们常常会陷入一些自己难以意识到的思维误区。

举个例子，经常有人说："上次我感冒特别严重，吃了这个药 2 天就好了。"听起来似乎是那款药物发挥了效用，但类似普通感冒这样的疾病，在最严重的阶段过后，就算不服药也会稍微好转，起码会回到病情的"平均水平"，这在统计学上称为趋均数回归。

当我们被动地接受观点时，很容易被持论者的思路影响，丧失独立思考和判断的能力。想要成为更理智的思考者，最好的方法就是不断对内容进行批判性的提问。当有人向你兜售某种观点时，你要随时准备与之辩驳，哪怕作者不在现场。你要积极地参与其中，主动选择该吸收什么，该忽略什么，该相信什么，该质疑什么，通过不断地提问并思考问题的答案，如：作者为什么会下这样的定论？有证据支持吗？证据的来源是什么？证据本身可靠吗？

英国作家乔纳森·斯威夫特在给朋友的一封信中写道："把人定义为理性的动物是错误的，他是能够使用理性的动物。"这句话中的"能够"是一个奇妙的词语，绝大多数时候，人们动用的都是那些非理性能力，如激情、冲动等。理性是一种稀缺而少见的潜能，唯有持续接受批判性思维的训练，才能够将这种潜能发挥出来。

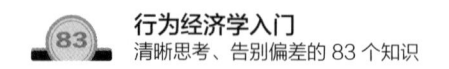

56 警察因公牺牲的首要原因是什么?

反直觉思考

当直觉思维从脑海里蹦出来一个"易得到"的答案时,不仅要学会反击和批判,还要去寻找更为精准的答案。

M女士:"最近,我总觉得他怪怪的。"

朋友:"有什么问题吗?"

M女士:"说不上来,就是觉得他有什么事瞒着我。"

朋友:"会不会是你想多了?"

M女士:"不可能,我的直觉一向很准。"

数日后,M与朋友再次相聚,又谈论起上次的话题。

朋友:"说说吧,他到底有没有事情瞒着你?"

M女士:"借他几个胆,他也不敢呀!"

朋友:"那你上次信誓旦旦地说,人家肯定有事瞒你。"

M女士:"我承认,是我自己多心了,直觉不总是靠谱的。"

直觉思维是不经过逐步分析,仅仅根据内在的感知迅速对一个问题做出判断、猜想、设想;或是在疑难、迷糊的时候,忽然对问题的一种顿悟,甚至对某件事物的结果有预感等情况。直觉思维有其特定的优势,通常可以快速地做出反应,但这样的决策通常充满了误导性,而为了规避这类情况，我们必须要进行理性的反直觉思考。

反直觉思考，不是反对直觉思考，而是强调要对直觉思考做更多的考量与判断。如果经过考量与判断，发现它是对的，就可以继续下去；如果经过考量与判断，发现它是错的，就不能再按照这个思路去做。

哥伦比亚商学院教授迈克尔·莫布森有一部著作名为《反直觉思考》，他认为：我们的所有思考都基于大脑的"默认设置"，使用的是百万年进化形成的"自带软件"，这种思维模式就是直觉思维，是我们所迷信的因果、逻辑、秩序，但它已经不能适应这个互联网和大数据时代。要想做决定、做选择的时候不犯错误，我们必须掌握反直觉的思考方法。

我们该怎么做才能避免被直觉思维左右呢？

1. 警惕细节对判断的影响

场景中有越多的细节，我们就越容易相信，这是直觉思维所致。事实上，细节越多，发生的可能性反而越低。要对抗直觉思维，必须警惕细节对自己判断的影响，不要被细节迷惑。

2. 关注一件事的基础概率

人对概率天生缺乏直观感受，在概率极小的情况下，不能相信直觉。只有知道基础概率，即一件事的正常发生概率，才能判断一件事的真实发生概率。

思考一下：警察因公牺牲的首要原因是什么？

①劳累猝死　②意外交通事故　③遭受暴力袭击　④抢险救灾

直觉思维有一个习惯，如果A具有某种明显的特征B，我们很可能凭直觉认为所有跟A有关的问题答案都是B。所以，关于这个问题，绝大多数人都认为答案是"遭受暴力袭击"或"抢险救灾"，因为这些情景经常出现在影视剧和新闻中。

然而，真实的情况是这样吗？相关统计数据显示，因公牺牲的民警中，有50%以上是因为"突发疾病猝死在工作岗位上"，25%是"因意外交通事故造成"，至于"遭受暴力袭击"和"抢险救灾"，分别仅占5.2%和3.7%。

人们之所以容易误判，就是因为对警察的大部分印象都来自影视剧，忽略了警察只是一个职业，从事这一职业的是和我们一样的劳动者。如果我们跳出直觉思维，就会思考"一般人因公死亡的首要原因是什么？"凭借常识便能判断出，"劳累猝死"和"交通意外"的概率远大于"遭受暴力袭击"和"抢险救灾"。即使考虑到警察这一职业的特殊性，我们也能够判断出，答案应该是①和②之中的一个。

3. 考虑均值回归的可能性

行为金融学家统计了不同投资组合成立后很长的时间内收益率的变化，得出了两个结论：第一，起初回报率相差巨大的组合，最终都会回归平均水平；第二，之前回报率高的组合，之后的回报率仍然较高，但没有以前那么高。

统计学告诉我们，事件发生的概率都围绕一个均值来回波动，这叫作均值回归。在面对个人发展、业绩评估等情况时，不能只看短期波动和极端情况，要考虑到事物最终会向平均值回归。均值回归思维有助于我们更客观地看待问题，更准确地评估和预测未来的发展趋势。

我们什么时候才能相信自己的直觉呢？

心理学家丹尼尔·卡尼曼和加里·克莱因认为，要相信直觉，必须满足以下两个条件：第一，我们必须确定自己处在一个高效度环境中，即在这样的环境中，同样的原因通常会产生同样的结果。第二，我们必须进行"快速且明确的长期练习与反馈"，以便"有足够的机会用于学习环境"。换言之，直觉只是对我们之前经历过的情况的识别，当我们能够识别出这些情况，并且真正学会针对它们应该做出的正确反应时，就可以相信直觉了。

57 怎样拍集体照才能实现没有人闭眼？

逆向思考

人们习惯沿着事物发展的正方向去思考问题并寻求解决办法，但针对一些特殊问题，从结论往回推，倒过来思考，或许会使问题简单化。

拍摄集体照的经历，大家都应该有。通常来说，照相的姿态不会有太大的问题，最难的就是，在按下快门的那一刻，保证所有人都睁着眼睛。因为在看集体照时，我们总会发现有个别人的眼睛是"眯着"的，当事人看了很不爽：为什么把我拍得那么丑？

回顾一下拍照的过程：一般的摄影师都是喊"1、2、3"，提示大家要拍照了，然后再按快门。但人总是要眨眼睛的，在调整了位置后，再喊"1"和"2"，很多人就已经坚持不住了，到"3"的时候，上眼皮就找到下眼皮了。

有一位摄影师说，他拍集体照就很少出现这样的情况。因为，他的思路跟其他人不一样：先让所有拍照的人都闭上眼，听他的口令，也是喊"1、2、3"，当他喊"3"的时候，所有人要一起睁开眼。这样的话，照片冲洗出来，很少有人闭着眼睛，且大家的眼睛比平时睁得更大、更精神。

面对难题时，人们都习惯按照熟悉的常规思维路径去思考，即正向思考。这种方式，有时能够找到解决问题的方法，收到令人满意的效果。但实践中也有一些问题，用正向思维去解决，效果甚微，这时候就可以反其道而行，逆向思考。

任何事物都有多方面的属性，如果只看到熟悉的一面，而对另一面视而不见，就会陷入思维的死角。若懂得逆向思考，往往能够出人意料，带来耳目一新的感觉。

不过，在采取逆向思维的时候，有两个问题需要注意：

1. 要深刻认识事物的本质

所谓逆向，不是简单的、表面的逆向，不是别人说东，我偏要说西，而是真正从逆向中获得独特的、科学的、令人耳目一新的、超出正向效果的结果。

2. 坚持思维方法的辩证统一

正向与逆向原本就是对立统一的，不可完全分割。所以，在采用逆向思维时，也要以正向思维为参照进行分辨，才能显示其突破性。

58 为什么经验预测不了未来？

经验偏差

经验是对过去事实的归纳和总结，但它并不能反映事实本身，也无法预测未来。

有只火鸡很喜欢归纳，当它发现主人第一次给它喂食是上午9点时，并没有急着下结论，而是继续细心观察。火鸡留意主人每一次给它喂食的时间，包括晴天、阴天、雨天、雪天等不同的天气下，想在主人给它喂食的时间上找出一些规律。

经过一段时间的观察，火鸡发现：无论什么天气，主人都会准时在上午9点给它喂食。于是，火鸡果断地得出结论：主人每天上午9点给我喂食。

当它得出这个结论后不久，圣诞节来临了，它怎么也没有想到，主人在圣诞节这天上午9点，把它杀了。临死的前一刻，火鸡带着深深的遗憾感叹道："早知道有这一天，就不吃那么多了，把自己饿瘦一点儿！"

这是英国哲学家罗素举的一个例子，与之类似的情形在现实生活中比比皆是。人们之所以会轻率归纳、做出误判，最主要的原因就是过于相信经验。诚然，经验在某些事情上可以帮助我们绕开一些弯路，但它不是放之四海而皆准的真理。

心理学家曾经做过一个实验：把5只猴子关在一个笼子里，笼子上挂着一串香蕉。实验人员安装了自动装置，一旦猴子碰到了香蕉，就会有水喷洒下来。5只猴子看到香蕉，纷纷跑过去拿，结果每只猴子都被浇了冷水。于是，猴子们意识到，这串香蕉是不能碰的。

接下来，实验人员又把一只新猴子放进笼子。新猴子看到香蕉后，本能地想要去拿，结果遭到了另外5只猴子的痛打。因为先前的经验告诉它们：香蕉不能碰，如果新猴子碰了香蕉，它们都要被浇冷水。所以，它们强烈阻止新猴子去碰香蕉。新猴子遭到了痛打，自然也就不敢再去碰香蕉了。

后来，实验人员把喷水的自动装置卸掉了，碰香蕉不会再被泼冷水。可是，猴子们由于之前经验的误导，还是认为香蕉不能碰，哪怕被饿得很难受，也不敢去碰香蕉。虽然，此时的香蕉已经是"安全"的了。

这个实验说明，经验不一定都是可靠的，盲目地遵从经验，可能付出巨大的代价。

泰坦尼克号的船长史密斯曾信誓旦旦地说："根据我所有的经验，我没有遇到过任何值得一提的事故。我在整个海上生涯中只见过一次遇险的船只。从未见过失事船只，从未身处失事的危险中，也从未陷入任何有可能演化为灾难的险境。"

这位大名鼎鼎的船长，根据过往的航海经历归纳得出海上生涯的安全性高这一结论。然而，后来发生的事，我们都知道了——他随着泰坦

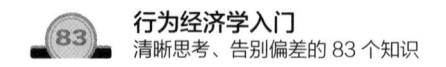

尼克号沉入了冰冷的大西洋中。

对待经验要一分为二来看,我们不能否认它的价值,但也要认清经验主义的局限。在处理问题时,要具体问题具体分析,不能在经验上画地为牢。

59 "阿尔法狗"与人类的思维有何不同？

零基思考

习惯性地接受已有的框架和观点会束缚思考范围，让思维回归到原点，从零开始重新定义问题，更容易跳出思维定式。

2017 年，围棋人工智能程序 Alpha Go（音译"阿尔法狗"）以总比分 3∶0 的成绩击败了世界知名围棋职业九段棋手柯洁，再次刷新了人类对人工智能的认识。

比赛结束后，回忆起当时的画面，柯洁坦言："我的三观被摧毁了，我一直以为围棋可能是人类智力的巅峰，却突然被一个超级厉害的 AI 给击败了，而且它并不是原地踏步的，它在不断变强。"

"阿尔法狗"之所以能够获胜，不仅在于它有超强的计算能力和学习能力，更在于它比人类善于"从零开始"思考。"人机"对弈是为了获胜，但人类是情感动物，容易受到沉没成本的影响，一旦为某件事情投入了时间、金钱和精力，就会产生惯性，有延续这个行动的倾向。比如：走了一步不太理想的棋，却不愿放弃这步棋，为了让它看起来不那么糟糕，会想办法去挽救，暂时性地忽略主要目标。

相比之下，"阿尔法狗"就显得更理性、更纯粹，它不会纠结过去，每一步都是"从零开始"，行动策略着眼于当下，选择对未来最好的决策。国际著名成功学家、创新性思维者布莱恩·特雷西将这种思考策略称为"零基思考"。

从零开始思考问题，可以避免被现有的框架束缚，这一框架可能是别人设置的，也可能是自己熟悉的。只有回到原点思考，才能抓住真正的问题点，继而挖掘出解决问题的线索。零基思考并不复杂，且对做出高质量的决策有很大的帮助，AI很容易做到，我们却需要经过一番努力才能实现。

我们该如何使用零基思考来改善决策质量呢？

1. 直面内心——"如果当初知道是这样，我还会这么做吗？"

无论是人际关系、事业还是投资，我们都难免会受到先前决策的影响，可那已经是沉没成本了，必须要放下。此刻要做的是归零，你不妨问问自己：如果当初知道是这样的状态，我还会做同样的决定吗？如果答案是肯定的，那就坚持你的选择；如果答案是否定的，就要认真思考当下的处境，重新制订人生策略。如果以前你是依靠直觉行事的，那么现在你要夺回人生的掌控权，用正确的方式把事情拉回正轨。

2. 及时止损——"过去的投入覆水难收，如何才能避免更大的损失？"

从零开始，意味着放弃沉没成本，损失在所难免。你要做的是，想办法把损失降到最低。

比如，你拿着一笔钱投资经营奶茶店，开业一年后，你用了各种方法，却未能扭亏为盈。你认真思考过，如果当初知道会是这样的结果，你不会选择开奶茶店。此刻，你要做的就是将奶茶店转让或转租，把资金和精力投放到其他地方，以避免更大的损失。

3. 规划未来——"勇敢地放弃过去的投入，以现在为起点重新做决策。"

零基思考，可以帮我们快速分析过去所做的决策是否值得延续，同时也让我们更加清晰地了解自己。环境会变，人也会变，曾经看起来很好的决策，未必适用于此时和当下的你。所以，你要勇敢地舍弃过去的投入，以现在为起点，重新规划未来。

没有人可以改变过去，但每个人都可以为自己的将来做出更好的决策。零基思考适用于生活的方方面面，无论是情感抉择（要不要继续一段关系），还是商业投资（要不要终止合作），只要你愿意鼓起勇气改变，你就有机会把生活变成你想要的样子。

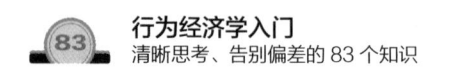

60 鱼和熊掌不能兼得时该怎么选择?

机会成本

做决策不能只思考会得到什么,还要思考放弃的其他选择的潜在利益。

东汉应劭《风俗通》里记载了一个故事:

齐国某户人家生养了一个女儿,有两位男子同时向其求亲。东家的男子,模样长得丑,可家里条件好;西家的男子,才华横溢、风流倜傥,无奈家境贫寒。女子的父母很犹豫,便征询女儿的意见。考虑到女儿脸面薄,父母就告诉她:"不便明说的话,你就伸出一只手,让我们知道你的意思。"

只见,女儿把两只手都伸了出来。父母面面相觑,不知何意。女儿解释道:"东家条件好,我想在他家吃饭;西家男子俊,我想在他家住宿。"父母听得目瞪口呆,不知说何是好!

这就是"东食西宿"的故事,用来讽刺那些贪得无厌、什么好处都想要的人。很显然,女子的心愿是无法实现的,在资源有限的情况下,有选择就有舍弃,有舍弃就有损失,不能两者或多者兼得。无论是结婚伴侣,还是工作职业,你选择了某一个选项,意味着自动放弃了选择其他选项可能带来的好处,这些放弃的好处代表了机会成本。

选择之所以令人感到痛苦,正是因为任何一种选择都有机会成本。

当鱼和熊掌不能兼得时，选择吃鱼，就不能吃熊掌，熊掌就是选择吃鱼的机会成本。人们在做决策时，要么是忽略机会成本，要么是犹豫不决。那么，到底该怎么选才能实现利益最大化呢？

机会成本是做出选择时，被放弃的那个选择的价值。为了做出较为明智的决策，我们不妨计算一下机会成本，来权衡不同选择的利弊。

假设 Y 是一名即将毕业的计算机专业学生，他面临两个工作机会：

公司 A：年薪 30 万元，工作压力大，个人时间少。

公司 B：年薪 20 万元，工作环境轻松，个人时间多。

我们来分析一下这两个工作的机会成本：

选择公司 A：Y 将失去在公司 B 工作的机会，即放弃 20 万元的年薪和轻松的工作环境。

选择公司 B：Y 将失去在公司 A 工作的机会，即放弃 30 万元的年薪和更高的职业发展。

现在，Y 需要权衡两个选择的机会成本：

如果他看重高收入并愿意承受压力，选择公司 A 是合理的；

如果他更看重工作环境和个人时间，选择公司 B 是合理的。

机会成本原理告诉我们，决策时不仅要考虑直接收益，还要考虑所放弃的潜在收益。充分权衡这些因素，有助于我们做出符合自己需求和价值观的决策。需要注意的是，有些行为的成本是隐藏在事物背后的，如走私、贩毒、偷窃等不法行为，虽然暂时可以获利，可毕竟触犯了法律，如有一天被绳之以法，成本就不可估量了。

61 如何逃脱"二选一"的困境?

虚假两分

错误地把一个可能存在多种答案的问题简化为两个选项,忽略了可能存在的中间地带或其他多种选择。

小孩子看电视剧时,总喜欢问一个问题:"这个人是好人,还是坏人?"在孩子的意识里,世界上只有两种人,要么是好人,要么是坏人,好人是值得相信的,坏人是要远离的。他们并不知道,世界上的人形形色色,性格复杂,不能简单地用"好"与"坏"来分类。

孩子天真烂漫,看问题的视角单一,可是成年人就比孩子更理智吗?未必!

"你今年的运势不太好,经常会遇到麻烦事。我劝你把这个转运符带在身上,它可以帮你驱邪避灾;如果不带的话,将来可能会遇到大麻烦。"

在正常情况下,多数人不太会听信这样的说辞,也不可能购买转运符。然而,当一个人深陷生活的泥潭不知所措时,听到对方说起这个转运符的种种好处——"你的身体会慢慢好转""你的孩子会平安",往往就会动摇,在"买"与"不买"之间徘徊。

其实，当人们陷入"信与不信"和"买与不买"的纠结中时，他就已经偏离了理性思考，陷入虚假两分的思维陷阱。

我们都知道，很多重要的问题不能用非黑即白、非是即否、非好即坏、非对即错的方式来思考和作答。虚假两分恰恰是把一个可能存在多种答案的问题，假设成只有两个可能的答案，似乎全世界所有问题都只有两面。当人们把结论限制在两个以内时，视野就会被限制，思维也会遭到严重的束缚。如果有人要你"二选一"，无论他是有心还是无意，也都只是给出了符合他自身利益的选项，忽略了其他的可能，并试图引导你回答。

- "如果不收拾房间，衣服杂物会堆满屋子！"
- "爱人和母亲同时掉进水里，你会先救谁？"
- "你是选择存钱节省，还是花钱享乐？"
- "你是打算全身心投入工作，还是放弃事业来照顾家庭？"

认真思考就会发现，这些提问都属于虚假两分！

不收拾房间，就意味着衣服杂物一定会堆积如山吗？有些人崇尚极简生活，只保留简单的必需品，根本不需要为家务操心；工作和事业之间不是对立的关系，不同阶段可以有不同的侧重点，还可以和家人共同合作解决难题；金钱的支配不是只有两种选择，我们可以制订合理的预算，既进行必要的储蓄，也享受一定的生活乐趣。

虚假两分的思考方式，会限制我们看问题的视野和选择范围。实际上，生活中的选择是多样的、复杂的，不要给自己设置这样的难题，如果是他人向你发问，务必保持批判性思维，寻找更多的可能性，试着思考还有没有"第三选择"。

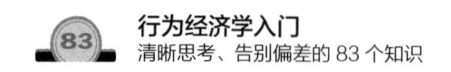

第三选择不是第三个选择，而是第三维度的选择，不是折中或和稀泥，而是在一个平面的二维世界里找到第三维，在一个不可行、不可能的平面上增加一维。第三选择是要让你走出"非此即彼"的思维模式，从不同的视角和维度去看待问题。人生并不是只有两种可能，还有无限种可能，且每种可能皆有可能！

62 怎样避免陷入没有选择余地的"选择"?

霍布森选择

表面上给了选择,实则没有给出选择余地,这样的选择是一种伪选择。

1631年,从事马匹生意的英国剑桥商人霍布森向人们承诺,无论是买马还是租马,价格都很便宜。他的马圈很大,里面有各种类型的马,霍布森允许人们在马圈里自由选择。

前来买马的人左挑右选,但马圈的出口是一个小门,那些高头大马根本出不去,能出来的都是小马和瘦马。最后的结果可想而知,人们自以为在众多的马匹中做出了最好的选择,实际上是花钱买了一匹质量很差的马。

霍布森承诺客人可以随意挑选,但客人根本没有选择的余地,因为马圈的小门决定了客人只能选择质量不高的马匹,他们所做的"选择"是一种受到限制的"伪选择",是一个圈套和陷阱。后来,管理学家把这种没有选择余地的"选择"称为"霍布森选择"。

在没有足够选择的情况下做出的决策,往往不是最优的。选择的优劣是在比较中产生的,只有拟定出一定数量和质量的方案,充分进行对比、分析、取舍,才能做出合理的决策。如果只有一个方案的话,就没办法进行比较,也就难以辨别优劣。

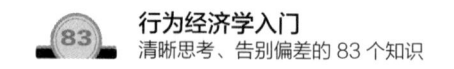

我们该如何破解霍布森选择效应呢？

1. 保持开放的心态

不要局限于眼前的选项，要有意识地寻找更多选择机会，尝试其他的可能性。

2. 独立思考不盲从

学会独立思考与判断，不盲从他人的选择，也不要被既定的规则所限制。

3. 敢挑战权威与传统

对权威说的话要多一些反思，少一些盲从；不要把历史悠久的传统作为判断是非的标准，这都是不理性的行为。

63 如何与贪婪保持距离，避免成为最大的傻瓜？

博傻理论

人们之所以会做出投机行为，是因为预期会有一个比自己更大的"笨蛋"将花更多的钱买走自己手里的东西。

经济学家凯恩斯为了能够从事学术研究，解决金钱方面的困扰，曾经靠外出讲课赚取课时费。然而，课时费的收入太有限了，不足以支撑他的事业理想。为此，凯恩斯在1919年8月借了几千英镑去做远期外汇的投机生意。

四个月过后，凯恩斯净赚了1万多英镑，这相当于他讲课十年的收入！不过，三个月后，凯恩斯把赚到的利润和借来的本金又都赔进去了。凯恩斯没有表现得多么沮丧，时隔七个月，他又开始涉足棉花期货交易，并再次获得成功。

接下来，凯恩斯几乎把所有的期货品种都做了，并涉足股票。1937年，凯恩斯因病不得不"金盆洗手"，此时他所积累的财富足够他往后余生尽情享用了。

凯恩斯在选择做投机生意时，相当于做了"赌徒"，但他是懂经济学的，这也注定了他不同于一般的赌徒。因为他在整个投机的过程中，不仅赚到了丰厚的利润，还发现了知名的"博傻理论"，揭示了投机行为背后的动机。

投机行为的关键是判断"有没有比自己更大的傻瓜",只要自己不是最大的傻瓜,那么自己就一定是赢家,区别只在于赢多赢少。如果再没有一个愿意出更高价格的傻瓜做下家,那你就成了最大的傻瓜,而投机者信奉的就是"最大的傻瓜"理论。

17世纪的荷兰,人们的赌博和投机欲望相当强烈。当时,美丽而又稀有的郁金香就成了人们争相猎取的对象。最初参与投资的人们都赚到了钱,尝到了甜头后,大家宁愿把所有的钱都投资到郁金香的买卖中。人们相信,郁金香狂热会永远持续下去。然而,美好与灾难之间,只有一步之遥。当人们还在陶醉之际,价格已经严重脱离其实际价值的郁金香,在一夜之间变得像魔鬼一样恐怖。

这一天,希望出手郁金香获得暴利的人们震惊地发现,郁金香的价格急剧下跌,市场几乎在转眼之间就迅速崩溃。那些欠着高额债务进行买卖的人,一下子变得一文不名,许多人自杀,社会动荡不安。事态的混乱让荷兰整个国家陷入了经济危机,从此一蹶不振。

荷兰的"郁金香事件"有没有让人们变得清醒理智,从中汲取教训呢?答案是没有!人们还是非理性地花费大价钱将缺乏实际价值的物品买下,因为在他们的预期中,一定会有一个更大的傻瓜,舍得花更高的价格,从自己这里将其买走,让自己获利。

怎样判断会不会真有比自己更大的傻瓜出现呢?

博傻行为有两种:一种是感性博傻,一种是理性博傻。

感性博傻,是指在行动时不知道自己已经进入了一场博傻游戏,也不清楚游戏的规则和必然的结局,往往是靠冲动和本能做买卖,毫无节制和分析地进入市场，很容易成为损失最惨重的市场牺牲品。

理性博傻，是清晰地了解博傻以及相关规则，只是相信在当前状况下会有更多更傻的投资者进入，才投入少量的资金赌一把，其赢利的前提是对大众心理的判断准确。当投资大众普遍感觉到当前价位已经偏高，需要撤离观望时，市场的高点也就真的来了。

现实中成为最后一个傻瓜的人，往往都是贪婪的人，为了获得利益最大化，期待着另一个最后接棒者的出现，结果不小心让自己掉进了旋涡。对财富的贪婪是人性的一大弱点，也是使人陷入危机的罪魁。所以，当贪念升起时，务必要提醒自己悬崖勒马、适可而止。

在股票市场中，有了贪婪和恐惧，是很难赚到钱的。贪婪会导致利润回吐，恐惧会导致难以买到便宜的筹码。比如，有些人买了股票，收益达到10%时依然攥着不卖，还想再多赚一些；等收益达到20%时仍旧不舍得卖，而此时最后一场震荡来袭，不但收益没了，本金也损失了。

博傻理论提醒我们，投资要保持理智的头脑，不能被一时的利润冲昏头。保持平常心，对上涨不过分地贪，对下跌不过分地惧，人弃我取、人要我予，更有可能获得丰厚的收益。

64 数据很有说服力，那么它完全可信吗？

数据陷阱

统计数据不等于科学，过分相信数据会落入数据迷信的思维陷阱。

如果有人说："除了上帝，任何人都必须用数据来说话！"

你认同这个观点吗？你是否会怀疑这个问题本身存在谬误？毕竟，这里有一个值得商榷的问题，上帝属不属于人？如果上帝不属于人，两者没有可比性，这个问题毫无意义。如果上帝属于人，两者存在比较的基础，那又出现了一个新问题：既然"任何人"包括上帝，那么上帝也必须"用数据来说话"，这句话前后就是矛盾的。

要让这句话"说得通"，最好的办法就是放弃用"上帝"作比较，直接把这句话改成"任何人都必须用数据来说话"。然而，这又引发了一个新的思考：数据一定是可信的吗？

在现实的论证中，人们经常会利用统计数据作为证据。数字会让证据显得极具科学性，十分精准，似乎它就代表了"事实"。其实，这是一种错误的认知，如果过分相信数据，就会落入数据迷信的思维陷阱。我们必须认清一个真相：统计数据会且经常会说谎！

为什么我们不能完全相信数据呢？

1. 数据不能作为通用的论据

有些数据可以证明一件事，但这并不意味着这些数据可以证明另一件性质截然不同的事。比如："如果你坐地铁的话，可能会丢手机。有统计数字表明，小型电子产品占地铁系统失窃率的70%。"这里的数据只能证明，地铁系统的大部分偷窃行为和小电子产品有关，但不能说明这类偷窃行为发生的概率有多大。

2. 统计数据存在一定的偏差

要为特定的目的得到精确的数据不是一件容易的事，经常会遇到各种阻碍，比如：人们不愿意提供真实的信息，或是不能报告各种事件等。所以，统计数据往往只能基于事实做出一些估计，这些估计有时是存在欺骗性的。

在看到"40%的大学生饱受抑郁症的折磨"时，你可能会为年轻人的心理状况感到担忧，但你有没有想过这个统计数字是怎么得来的？不知来历的统计数字往往能带给人深刻的印象，但这些数字的精确性是令人怀疑的。在对这样的数据做出反应之前，很有必要问一句这些数据是怎么得来的。

通常来说，测定数据集中趋势的值有三种，而每种方法都会给出不同的数值：

○ 平均数：把所有数值相加，用总数除以相加的数目。
○ 中位数：将所有数值从高到低排列，找到位于最中间的数值。
○ 众数：计算不同数值出现的次数，找出出现频率最高的数值。

"相关调查显示,大学生每周平均花在学习上的时间是12.8小时,与20年前的大学生相比学习时间少了一半。"这个结论能不能证明大学生在学业方面减少努力了?

不能!我们要看这里的平均值是按照哪一种方式计算的!如果有些学生花了很多的时间在学习上(一周28~40小时),平均数值就会被拉高,可是这不影响中位数或众数的数值;如果这里列举的平均值是中位数或众数,还可能高估了平均的学习时间。

"专家坦言,这个病预后情况不太乐观,同样病症的患者存活时间的中位数是10个月。"不少患者在听到专家的观点后,一心就想着:"反正只有10个月可活了,我也不打算治疗了,就好好享受最后的这段时光吧!"这个决策是不是理性的呢?

专家的话明确了一个事实,患这种病的人有一半不到10个月就去世了,另一半人存活时间超过了10个月。但是,患者不能据此推断"只有10个月可活",还需要了解活下来的那些人的存活时间的全距和数值分布!也许,这些数据会显示:有些人甚至很多人存活的时间远不止10个月,甚至又活了好几十年!知道患者存活情况的完整分布,才能正确认识当下的处境,用更恰当的心态去处理问题。

总之,面对真实的数据,面对看似严谨的理论,我们都需要并且要敢于质疑。

65 章鱼保罗的"精准预测"是怎么回事?

混杂因素

因果推理时要尽量消除混杂因素带来的偏差,也就是排除那些非因果的关联关系。

假设你正在研究一种新药是否对治疗头痛有效。你让两组被试参与研究,一组吃了新药,另一组没有吃,然后观察他们的头痛症状是否减轻。如果你发现,吃新药的那组被试头痛减轻得更明显,这能不能证明新药是有效的呢?

答案是不能!因为没有考虑到混杂因素的影响。

混杂因素是统计学和医学研究中的一个重要概念,它是一个能够干扰自变量和因变量之间真实关系的第三方变量。在一项研究中,如果不控制混杂因素这个"搅局者",就可能让原本应该清晰的关系变得模糊,致使我们得出错误的结论。

在上述的试验中,有可能吃新药的那组被试本身比较年轻,身体素质较好,这些因素都有可能让头痛自然减轻。这里的"年龄"和"身体状况"就是混杂因素,它们会干扰对新药效果的准确判断。想要得到更准确的研究结果,应当尽量找到并控制这些混杂因素。比如:选择年龄、身体状况相近的人来进行新药试验，或在数据分析时把年龄、身体状况这些因素都考虑进去。

2008年欧洲杯和2010年世界杯两届大赛中，章鱼保罗声名鹊起，红遍全球。原因就是，人们在鱼缸旁边放置两个国家的国旗和食物，让章鱼保罗进行选择。结果，这个生物预测14次猜对13次，成功率高达92.85%，被人捧称为"章鱼帝"。

但凡有一些常识的人都知道，"章鱼有预测能力"是不符合现实的，可为什么会出现章鱼预测14次猜对13次的情况？很多人都搞不清楚这里面的底层原理，就盲目相信了章鱼保罗真的有"超能力"。

其实，问题的答案依然和混杂因素有关。只不过，这里的混杂因素比较隐秘，不太容易被众人识破，那就是国家国旗的样式！研究发现，章鱼这类生物能够辨识明暗度，特别是横向条纹。在多次的预测中，章鱼保罗一共只选择了三个国家——德国、西班牙、塞尔维亚。

看到这三个国家的国旗后，你应该已经知晓了真相——不是章鱼保罗有预测比赛结果的超能力，它只是选择了自己喜欢的图案。

66 为什么"报忧者"的警告常常被低估？

联想偏误

基于某些经验或感觉，将不相关的事物联系在一起，并据此做判断和决策。

联想是大脑学习事物的基本原则，一旦两个对象在意识中牢牢地联结在一起，看到其中一个就会想起另一个。从某种意义上说，我们需要感谢联想机制，它让人类心智产生了伟大的成就，创造了文学、艺术和音乐，也促进了科学发展。但从另一个角度来说，我们也要警惕联想机制，它可能会悄无声息地把我们引入"误区"。

人们常常会基于某些经验或感觉，将原本毫无关联的事件或信息错误地联系在一起，并据此决策。这是一种认知偏差，在心理学上称作"联想偏误"。

女孩 W 戴着奶奶留给她的一条手链参加面试，结果顺利被录取。自那以后，她便开始相信这条手链是自己的"幸运物"，决定出席所有重要场合都要戴着它，试图让它保佑自己。实际上，这就是一种典型的联想偏误。W 之所以能通过面试，很可能是因为她在面试中本身就有较好的表现，而并非因为手链真的具有某种神奇的力量。

人之所以会出现联想偏误，是因为大脑在接收和处理信息时，会不自觉地寻找和建立事物之间的联系，即使这些联系并不存在。这种倾向有时是有益的，如：帮助我们形成记忆、学习新知识，以及理解复杂的概念。然而，当这种倾向过度发展或应用于不恰当的情境时，就会导致认知偏差，让我们做出错误的判断或决策。

1. 无法对事物做出客观的判断

新手赌客在初次下注时赢了钱，可能会错误地将这种成功归因于自己的技巧或运气，并倾向于继续下注。相反，如果在前几轮就输了钱，可能会认为赌场对自己不利，并选择退出。

2. 容易受到广告或暗示的影响

广告商常常会把产品和积极的形象、情感或场景联系在一起，让人们在潜意识中将产品与这些美好的事物等同起来。比如，某品牌饮料的广告充满了活力和喜悦，让人感觉喝这个饮料也能彰显年轻与快乐。实际上，这种联想只是广告商为了促销刻意制造的。

3. 回避负面信息的传递者

人们倾向于将信使与消息内容联系在一起，认为带来好消息的人就是好的，带来坏消息的人就是坏的，因而都不太喜欢带来坏消息的人。这种现象被称为"斩来使综合征"，它会让人忽视消息本身的价值，只关注信使的身份或态度。首席执行官和投资者们也存在这种无意识的倾向，总想避开这种他们误以为的送来坏消息的人。结果就导致，只有好消息能抵达上层，于是就形成了一张被扭曲的形势图。

为了避免联想偏误的影响，我们需要保持警惕，学会用批判性的眼光看待周围的信息和事件，仔细思考哪些联系是真实的、有意义的，哪些联系是虚假的、无意义的，以保持清醒的头脑和准确的判断力。

67 如何打破路径依赖，超越惯性的力量？

路径依赖

人们在决策和行动的过程中，往往会受到过去经历和选择的影响，形成一种类似于物理学中惯性的依赖状态。

很多人都知道，现代铁路两条铁轨之间的标准距离是 1435 毫米，可这个标准到底是从哪儿来的呢？究竟是谁规定的呢？

原来，早期的铁路是由建电车的人设计的，1435 毫米恰恰是电车所用的轮距标准。最先造电车的人，以前是造马车的，所以电车的标准沿用的是马车的轮距标准。咦，这就有点奇怪了，马车为什么非要用这个轮距标准呢？因为，英国马路辙迹的宽度是 1435 毫米，如果马车改用其他轮距，轮子很快就会被英国的老路撞坏。

整个欧洲的长途老路都是由罗马人为其军队铺设的，1435 毫米恰好是罗马战车的宽度。罗马人选择以 1435 毫米为标准，原因就更简单了，因为牵引一辆战车的两匹马屁股刚好就这么宽！是不是很有意思？马屁股的宽度，竟然决定了现代铁轨的宽度。

时代在不断发展，难道就没有人想过换一下铁轨宽度的标准吗？美国斯坦福大学的教授保罗·戴维在 1975 年提出了一个概念——路径依赖。他说："一旦做了某种选择，就好比走上了一条不归之路，惯性的力量会使这一选择不断自我强化。"

路径依赖在决策过程中扮演着隐形的角色,它让人倾向于依赖过去的经验、习惯和思维方式,过于自信地坚持旧有的策略,忽视了新的信息或变化。比如,一个投资者可能因为过去在股市中取得了成功,就一直沿用同样的投资策略,即使市场环境已经发生了显著变化。这种固执可能会导致投资失败,甚至造成重大损失。同样,如果在工作中一直认为靠着年龄和资历就能平步青云,没有根据社会的变化调整自身,就可能会被时代的洪流淹没或淘汰。

从某种程度上说,人们的一切选择都会受到路径依赖的影响,一旦做出了某种选择后,无论是好是坏,都会不断地投入各种资源。在做出下一个选择时,又不可避免地会考虑到前期的投入,无论这些投入能否回收,还有没有价值。认识到这一点,我们在决策时务必要慎之又慎,不仅要考虑这项决策带来的直接效果,还要考虑它带来的长远影响。一旦发现存在路径依赖,就要尽快纠正,把决策拉回到正确的轨道上来,以免造成积重难返的局面。

68 陷入囚徒困境，怎样摒弃自私的心理？

囚徒困境

个体的理性选择，有时可能导致集体非理性的结果。自私地寻求最大效益并不意味着能得到最好的结果，只有通过信任、合作与互助，才能实现共同的利益。

当个人决策与他人决策相互影响时，往往会陷入选择困境。1950年，斯坦福大学客座教授艾伯特·塔克，利用两个犯罪嫌疑人的故事构造了一个"囚徒困境"的模型。

某地发生一起盗窃案，警察抓获两名嫌疑犯：一个胖子和一个瘦子。警察心里很清楚，这两个人就是案件的始作俑者，只是没有证据给两人定罪，就只好想办法让他们主动交代。

警察将两名嫌疑犯分别关押，告诉他们坦白从宽的政策：如果两人同时坦白，每人入狱3年；如果两人都不说，每人入狱1年；如果一个人说了，另一个人没说，抵赖者入狱5年，坦白者可以直接回家，免受牢狱之苦。

你认为，这两个人会做出怎样的选择？如果你是其中的一人，你会怎么决策？

现实的结果是：胖子和瘦子都坦白了，两人各被判刑 3 年。

原因很简单，对胖子来讲，如果瘦子说了，他也说了，自己将入狱 3 年；如果瘦子说了，自己没说，他将入狱 5 年。这样一想，隐瞒是不理性的。如果瘦子不说，自己说了，自己会被释放，但瘦子真的不会说吗？胖子不太敢相信。于是，就形成了这样一个局面：

A. 如果对方沉默，背叛会让我获释，所以要选择坦白。
B. 如果对方背叛，我也要指控他，才能得到最低的刑期，所以还是要选择坦白。

胖子和瘦子面临的情况是一样的，依据各自的理性思考，双方最终都会选择坦白！在囚徒困境中，每一方都只会选择对自己最有利的策略，而忽略其他对手的利益和社会效益，没有人会主动改变自己的策略以便让自己获得最大利益，因为这种改变会给自己带来不可预料的风险——万一对方没有改变策略呢？

每个人在生活中都有可能会变成"囚徒"，也总会遇到这样那样的困境。有没有什么办法，能让囚徒的结局变得美好一点儿？最简单的办法，就是共同遵守游戏规则。

新西兰的报刊亭，既没有管理员也不上锁，买报纸的人都是自觉放下钱后拿走报纸。当然，某些人可能取走了报纸却不付钱（背叛），但大家心里都清楚，如果每个人都偷窃报纸（共同背叛），会给今后的生活带来极大的不便，所以这种情况极少发生。

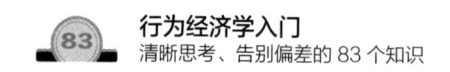

这就是一个共同遵守游戏规则的典范。生活是复杂的，困境也是多种多样的，甚至会超出我们的想象。可万变不离其宗，既然要玩游戏，就得遵守游戏规则。陷入困境中时，若大家能摒弃自私的心理，共同合作，便能实现利益最大化。

69 你看到的事实，就一定是真相吗？

表象迷思

任何事的背后总有原因，但真相不一定都像我们表面上看到的那样。

丽丽刚刚搬到一个新的地方。这段时间，她经常看到一位年轻邻居的背影，她总是坐在花园里，无所事事。丽丽心里不禁纳闷：这个女人年纪轻轻，怎么什么事情也不做呢？不出去工作，也不打理花园，整天这样待着有意思吗？

已经不止一次，丽丽向这位年轻的邻居打招呼，对方表现得并不是很热情，只是朝丽丽摆摆手。明知道丽丽在花园里忙活，也没有说过一句"要不要帮忙"之类的寒暄话。邻居给丽丽留下了一种很不懂礼貌的印象，她以后都不想主动和这位邻居讲话了。

如果你是丽丽，可能也会有同样的感受，觉得这个邻居太过冷漠。在感慨之余，内心可能还存有一丝疑惑，为什么邻居会这么冷漠呢？可能你的脑海里已经闪过一些可能的答案，无论怎样先不要急着下定论，试着深入思考几个问题：为什么邻居整天都坐着？为什么她打招呼时也不站起来？如果只是因为懒，那么久坐也会觉得累，她不需要起来活动吗？思考完这些问题，你会不会又会有新的想法？

上面的这个故事并没有讲完。不久后的一天，丽丽无意间经过邻居的门口，恰好从另外的一个角度看到了邻居，她忽然发现，原来那位邻居只有一条腿！

任何事的背后总有原因，但真相未必都像表面上看到的那样。比如：你在过马路时看到一辆汽车疾驰而过，无视红灯的存在。旁边的人议论说，这个司机素质太差了，甚至还有人批评他是马路上的"败类"。

不可否认，汽车闯红灯这一现象是事实，它真切地发生在众人眼前，众人的议论也是事实，但这是真相吗？也许在车子的内部，有一位重症患者急着去医院，经不起任何的耽搁。很多时候，我们看到的是事实，但不一定是真相。真相往往隐藏在事实的背后，不能凭借主观意识做出判断，特别是在信息如洪流的时代，我们更应该提高自身对信息的处理能力，对信息进行深入的思考和辨别，而不是看到什么就相信什么。

70 如何换个角度看问题，升级你的思维格局？

升维思考

跳出眼前问题的限制和常规解法，通过视角、层级、时间、位置、边界、结构的变换，重新思考问题及其解决之道。

在一个炎热的夏日，一群蚂蚁正忙碌地搬运着粮食，它们分工明确，有的背，有的拉，累得满头大汗。与此同时，几只蝈蝈在树荫下乘凉，它们一会儿高歌，一会儿小憩，享受着悠闲自在的生活，还不忘嘲笑蚂蚁是傻瓜。

随着季节的更迭，冬天悄然而至。寒风凛冽，蚂蚁凭借着夏天储备的粮食，在温暖的巢穴中安然过冬；蝈蝈因为没有储备，只能忍受着寒冷与饥饿，失去了往日的活力。

在寓言故事中，蚂蚁常被视作勤劳与未雨绸缪的象征，而蝈蝈则代表着享乐主义与缺乏规划。然而，到了商业管理课上讨论思维方式时，蚂蚁和蝈蝈的命运却发生了反转，学习的榜样也从蚂蚁变成了蝈蝈，你知道为什么吗？

蚂蚁注重存量，总是将自己的人力、物力和财力尽可能地存储起来；蝈蝈注重流量，不会存储人力、物力和财力，而是在需要时直接拿来就用。所以，这两种动物代表的是两种不同的思维方式——"蚂蚁思维"

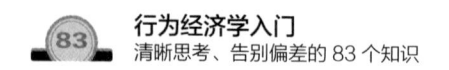

与"蝈蝈思维"。

在互联网高度发达的今天,作为存量的知识被保存在云端,任何人只要需要都可以随意取用,所以现代社会重视的并不是"存储"知识的能力,而是"使用"知识的能力。而且,随着商业环境的变化,存量知识的价值在不断降低,我们需要把知识当成流量来看待。

从空间认知的角度来看,蚂蚁的世界是二维的,局限于前后左右的平面空间;而蝈蝈则拥有在不同情境下灵活跳跃的能力,这种跳跃不仅意味着空间上的移动,更象征着思维上的跃迁与升维。在商业管理与个人成长的过程中,我们需要像"蝈蝈"一样,在必要的时候纵身一跃,勇于跳出固有的思维框架,以更高的维度审视问题,这就是升维思考。

爱因斯坦说过:"我们不能用制造问题时的同一水平思维来解决问题。"当有些问题无法在既定框架中得到彻底有效的解决,我们就要升维思考,为自己打开一扇更大的窗户,架起一个更高的梯子,站在更高的维度重新审视问题,迫近问题的本质,最终解决困境。

美国的一位前宇航员,曾搭乘宇宙飞船去了太空。最初从太空遥望地球时,他总是寻找自己所在的国家和城市,以及其他的国家和地区。随着在太空中工作的时间越来越长,他的关注点发生了改变,开始观察地球这一蓝色星球整体的美。

回到地球后,这位宇航员将自己在太空中看到的蓝色星球展示给世界不同国家的人们,并到全球进行慈善演讲,呼吁全人类保护地球。他的这一宣传,也让更多的人意识到,在地球上生活的不同国家和种族的人，都属于同一个整体、同一个系统。

升维思考，能够让我们不再沉溺于自我的情绪与感受里，同时也能让我们拥有更宏观的视野和更清醒的洞察，从而做出更准确的判断与决策。视角的转变往往会带来思维的改变，让我们对同一个问题产生不同的理解、判断与思考。正如马塞尔·普鲁斯特所说："真正的发现之旅不在于发现新风景，而在于获得新视角。"

辑五 情感 VS 激励

非理性的存在，

有积极意义吗？

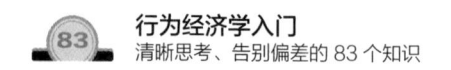

71 越有钱越幸福,这是真的吗?

幸福指数

在某个范围内,金钱越多幸福感越高,但超出一定范围后,金钱与幸福感就不再是正相关。

不少人认为,随着收入的增加,幸福感也会提升。那么,幸福与财富是成正比的吗?

日本某大学的调查显示,对于年收入 1000 万日元的家庭来说,当年收入增长 300 万日元时,幸福指数也会跟着提升;当年收入增长 700 万日元左右时,幸福指数保持不变;当年收入增长近 900 万日元时,幸福指数呈现出先降后升的趋势;当年收入增长超过 1500 万日元后,幸福指数会有所下降。

行为经济学认为,金钱只是能够给人带来幸福的因素之一,但不是唯一。人们是否幸福,在很大程度上还取决于感情、健康、精神等与财富无关的因素。

心理学家曾经调查过 22 个平时有抑郁情绪但曾经中过彩票大奖的人,结果发现:当中奖事件过去以后,他们很快又回到了从前的抑郁状态，依然感觉不幸福。

我们不禁要问，世界上最贫穷的人，幸福指数是怎样的呢？

调查显示，最贫穷的人生活幸福感并不是很差，他们的幸福感与中等收入的人相比，只是略微低一点。贫穷不必然导致精神上的痛苦，贫穷更像是一种社会病，是由于教育、就业和经济发展不平衡导致的。一个人如何看待金钱，比金钱本身更能够影响他的幸福感。那些把金钱看得特别重的人，对收入的满意度较低，对生活的总体满意度也比较低。

通常来说，越是人们缺少的东西，越能够给其带来幸福感。比如，身患重病的人，如果能够恢复健康，就会感到幸福无比；颠沛流离的打工人，若能拥有一套自己的房子，也会觉得很幸福。当然了，人的欲望是无限的，一个欲望满足后，又会有新的欲望产生，这也导致有些人的幸福感持续的时间很短，因为总有新的需求亟待满足。

每个人都有自己衡量幸福感的标准，有时我们认为一个人幸福，他自己却并没有这样的感觉；有时我们认为自己不幸福，可别人却把我们当成了羡慕对象。幸福感不完全取决于金钱以及和他人的比较，建立符合实际的目标和期望值，放下无谓的攀比与嫉妒，用心感受自己拥有的东西，更容易获得幸福。

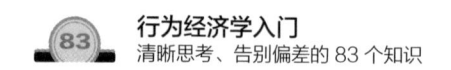

72 为什么把钱用在他人身上更快乐？

利他性

人有利己的倾向，但不是自私鬼，而是会适时做出利他的行为。

在道德的世界里，人有君子与小人之分；在经济学的世界里，所有人都追求自己利益的最大化，即便是义举，初衷依然是利己。那么，这是不是意味着，理性经济人就是精于算计、唯利是图的"自私鬼"呢？

答案是否定的！人虽然有自利的倾向，但自利并不等于自私。在寻求利益最大化的过程中，人们不会为了一己私利而罔顾所有，而是会兼顾他人的需求和感受，适时做出利他行为。

心理学家曾经对 85 对夫妻进行了为期一个月的调研，结果发现：给予伴侣情感支持，对给予者有着积极的意义，会让给予者产生良好的心境。研究结果还显示，投身于社区服务计划，或是帮助他人学习、辅导儿童等活动的年轻人，都发展出了良好的社会技能与积极的社会价值观念，明显地减少了辍学、早孕和犯罪等危机。

奖赏理论认为，人们所做的利他行为是为了获得奖赏。

商人投身于慈善事业，不仅给有需要的人带来了帮助，也提高了企业的知名度和形象；你下班时顺路搭载同事，可以获得对方的好感和融洽的职场关系，这些都属于外部奖赏。

除了外部奖赏，人们做出利他行为时，还会获得来自内部的奖赏，如提升自我价值，让自己感觉良好，或是提高幸福感等。

社会科学研究者迈克尔·诺顿做过一个实验：给被试学生5美元或20美元，让他们"为自己"或"为他人"消费，之后询问被试的幸福感有什么变化。

把钱用在自己身上的被试学生，并未觉得幸福感有何变化；把钱用在他人身上的被试学生，幸福感则明显提升。这一结论无关金钱的数额大小，最主要的区别是钱用在了什么地方。

诺顿在比利时的多家企业中也开展了类似的实验，分别给两个销售团队15欧元，让一组被试把钱用在个人身上，另一组被试把钱用在团队身上。结果显示，把钱用于销售团队的被试组，获得了更高的销售额，赚取了比开销更多的利润。

这些实验告诉我们，人与人之间不仅会交换物质性的商品或金钱，还会交换社会性的商品，如服务、信息、地位、爱等。我们在做出利他行为的时候，会提升内在的幸福感。当幸福感发挥效用时，我们也会变得更积极、更友好、更富有创意。

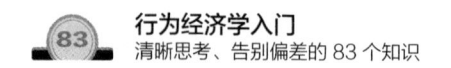

73 怎样让人们减少非道德的行为？

道德海市蜃楼

人们存在一种对未来道德行为的过度乐观预期，但在实际决策过程中，很容易因为各种因素（如利益冲突、认知框架等）而偏离道德轨道。

人们在考虑事情时，往往会根据特殊的情境和目的，出现认知错误，犯下不该犯的错。

20世纪90年代，美国发生过这样一件事：

一个叫托比的人，大学毕业几年后，决定开办自己的抵押贷款公司，并对父亲承诺自己一定会诚实经营、遵纪守法。在运营的过程中，有一次公司因资金周转不开陷入困境，托比向银行撒了谎。在他撒谎后的几星期里，他发现公司亏损得越来越严重。此时的托比，已经抵押了房子，再拿不出更多的钱来。为了挽救公司，他让员工帮忙做假账，最终以诈骗罪被捕入狱。

这是一桩严重的银行诈骗案，涉及几百万美元，拖垮了好几家公司，导致一百多人失业。托比的行为得到了惩罚，可他怎么也想不明白，自己当初向父亲承诺过，无论如何也不会做违法的事，到最后却事与愿违。

到底是什么原因，让托比做出了这种非道德行为呢？

美国西北大学博士安·坦布鲁恩瑟尔长期致力于研究行为经济学和道德决策，特别是商业决策中的道德问题。她认为，人们往往会高估自己在未来面对道德挑战时的美德和决策能力，而在实际决策的过程中，常常会因为各种因素偏离道德轨道。这种对未来道德行为的高估与实际决策中的偏离，就像海市蜃楼一样，看似美好却遥不可及。

简言之，人们在不同的认知框架下，对于道德问题的看法和决策是有差别的。这是安·坦布鲁恩瑟尔的观点，她也通过实验证明了这一点。

实验召集了两组被试，研究员让A组被试考虑商业决策，让B组被试考虑道德决策。结果，A组被试产生了一个心理清单，B组被试也产生了一个心理清单，两个清单有很大的差异。接下来，研究员要求被试参与一个不相关的任务，以此分散他们的注意力，而后为两组被试提供了一个可以进行欺骗的机会。结果显示：进行商业决策思考的A组，比在道德框架内思考的B组，更有可能撒谎。

安·坦布鲁恩瑟尔解释说，商业框架内的思考，从认知方面激活了该组被试的成就目标，他们渴望胜任、渴望成功；而道德框架则触发了被试者的其他目标。了解了这一点，我们就不难理解托比的行为了。当他身处商业框架中时，大部分的注意力都放在了要挽救公司的目标上，其他的目标（如对父亲的承诺）已经不知不觉从他的视野中淡出了。

道德海市蜃楼现象的存在，也给我们带来了一些正向的启示，比如：

在商业合同的开头写上一句话，清楚地表明在合同上说谎是不道德和非法的，往往就能让人们进入正确的认知框架，适时提醒人们小心犯罪，从而减少本可以避免的悲剧。

74 维系长久关系的秘诀是什么？

互惠性原则

人们通过相互的给予和回报来建立和保持关系。

心理学家曾经做过一个实验：在一群素不相识的人中随机抽样，给挑选出来的人寄去圣诞卡片。他估计到会有一些回音，但是没有想到，大部分收到卡片的人都给他回了一张，实际上这些人与他素不相识。

给他回赠卡片的人，压根也没有想过去打听一下这位陌生的教授到底是谁。他们收到卡片后，很自然就回寄了。也许，他们以为是自己忘了这个教授是谁，或者以为自己忘记了教授给他寄卡片的原因，不管怎样，自己不能欠对方的情，给人家回寄一张，总不会错。

这个简单的实验证明了一个事实：得到对方的恩惠就一定要报答，这种心理就是"互惠性原则"，也是人类社会中根深蒂固的一个行为准则。礼尚往来，说的恰恰就是这回事。及时地回报，能表明自己是一个知恩图报的人，有利于日后的继续交往。

朋友之间维护情谊需要互惠，不能总拖欠对方的人情，只不过有些恩惠不一定要马上回报，可以等待合适的时机。在爱情方面，互惠原则也很重要。世界上没有绝对无私奉献的爱情，双方需要保持一个利益的平衡，如果平衡被严重打破，就可能导致关系破裂。

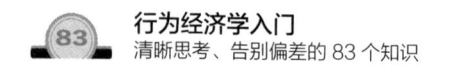

75 渴望被关注的心理需求是病态的吗?

焦点效应

人们倾向于把自己视为一切的中心,并且直觉地高估他人对自己的关注程度。

在同学聚会拍下的合影中,我们总能第一时间找到自己,并且会仔细审视自己在照片中的样子,看看表情是否自然,有没有闭眼。如果照得不好,就会心生不悦,担心被他人嘲笑。

那么,别人会嘲笑照片中的你吗?或者说,别人会认为你拍得不够自然吗?

实事求是地说,绝大多数情况下,别人根本就不会注意到你,他们多半也忙着在照片中找寻自己、审视自己,甚至也在担心自己会不会被他人嘲笑呢!

在社交场合中,人们常常会不自觉地把自己当作舞台上的主角,认为自己的每一个动作、每一个表情都会引来他人的注意和评价,这种高估别人对自己的关注程度的心理现象,在社会心理学中被称为"焦点效应"。

美国心理学家蒂莫西·劳森对焦点效应进行过研究:

在一项实验中，研究员让被试大学生穿着印有"美国之鹰"的运动衫去见同学，大约有40%的被试认为同学会记住自己衣服上的字，实际上只有10%的人记住了。多数观察者甚至压根就没有注意到，被试中途出去片刻再回来时更换了衣服。

在另一项测试中，研究员让被试穿着印有过气摇滚歌手的T恤去上课，被试认为会有50%的人注意到自己的尴尬衣着，实际上只有23%的人注意到了。

焦点效应是一种认知偏差，说明人类倾向于把自己视为一切的中心，至少不希望自己被忽略、被看低，而是直觉性地高估他人对自己的关注程度。但从另一个角度来说，焦点效应也反映了人们内心渴望得到他人关注的心理需求。

既然每个人都有渴望成为焦点的心理，那我们在人际交往中，就不能忽略它的存在。为了拥有和谐的人际关系，提升自己的交际效率，就要试着去满足对方的焦点心理，不要过于在意自己的内心感受，而不考虑他人的需求。

成功人士也好，普通人也罢，都渴望被重视。所以，在与人接触时，要"一视同仁"，给予对方足够的重视，甚至在某些时候还要试着让对方成为焦点，这样才能拉近彼此的距离，给人留下好印象，成为受欢迎的人。

76 怎样提出请求更容易被接受？

充足理由律

向他人提请求时，告知对方自己的"理由"，对方接受请求的概率会大幅提升。

20年纪70年代，哈佛大学的心理学教授艾伦·郎格等人，开展了一项有关复印机的实验。当时，互联网尚未普及，在大学图书馆里经常会看到很多人排长队等待复印，每个人复印几十页，需要花费很长时间。如果你只想复印5页的内容，肯定不愿意排队等很久。

有没有什么办法能让自己减少排队的时间呢？换言之，如何能让排在前面的人，同意自己插个队提前复印呢？研究员让被试以三种不同的方式与排在前面的人进行交涉：

（1）"不好意思，我能先复印5页资料吗？"（未给出理由）

（2）"不好意思，我需要复印5页纸，能让我先用一下复印机吗？"（给出理由，但没有说明自己为什么要先复印）

（3）"不好意思，我赶时间，能让我先复印5页资料吗？"（给出想要先复印的理由）

三种表述的内容是一样的，只在措辞上有所不同，结果显示：第一种方式的成功概率是60%，第二种方式的成功概率是93%，而第三种方式的成功概率是94%！后两种之所以比第一种更容易成功，是因为在措辞中加入了"理由"。

当我们要向他人提出请求时,告知对方自己的"理由",可以大幅提升对方接受请求的概率。比如,在第二种询问方式中——"我需要复印5页纸,能让我先用一下复印机吗",被试给出的理由并不是很有说服力,因为每个排队的人都是需要复印的。可即便如此,它的成功概率(93%)比未给出任何理由的第一种方式(60%)足足提升了33%;至于第三种询问方式,给出的理由是"赶时间",其成功率和第二种几乎没有差别。

为什么向他人请求时只要给出理由(内容随意),就能提高对方的接受概率呢?

因为我们日常生活中绝大多数的决策都是由"系统1"完成的,也就是直觉思维,所以只要有理由,对方就会更愿意接受你的请求。当然了,这种方式只适合无关紧要的小请求,如果事关重大,还是要给出明确的、能够站住脚的理由,才能打动对方。

77 为什么高额奖金带不来持续的高业绩？

激励

人并非完全为了钱而工作，激励不能完全依靠金钱，还要考虑到人们的受尊重、归属感、自我实现等其他需求。

理性人在做决策时会考虑边际量，一旦成本和收益中的任何一方发生变动或是两者均发生变动，人们的行为也会随之发生变动。没有人会对"激励"无动于衷，无论它是好是坏，人们都会对激励做出反应。

然而，激励与表现之间的关系并非一条简单的直线，而是呈现出"倒U形"的关系。这一点挑战了传统经济学中的理性人假设，即人们总是追求经济利益的最大化。实际上，行为经济学揭示，人在决策时不仅受到经济利益的驱动，还受到多种心理和社会因素的影响。

Z在一家科研单位上班，每完成一个项目，都能得到一笔奖金。起初，Z觉得很受鼓舞，干劲很足，给部门创造了不少的价值。后来，Z花了两年的时间，取得了一项重要的科研成果，得到了领导的肯定和表扬，也获得了一笔不菲的奖金。

相比奖金而言，其实Z更希望领导能够对这项成果进行市场推广，跟领导提了好几次，可领导似乎并无此意。Z很郁闷，几百个日夜的辛苦钻研，换来的只是一点点金钱，他觉得自己的心血没有被珍视，甚至是被浪费了。

这件事之后，Z对科研的热情明显降低了，就像是被泼了一盆凉水。他每天都是带着情绪在工作，很难专注思考，在随后的一年里基本上没有做出什么成绩。思前想后，Z最终决定辞职，终结现在的困境。他渴望从工作中找到个人价值感与成就感，也想通过努力获得企业的尊重与认可，而不只是口头上的表扬与冰冷的奖金。

很多企业在制定激励制度时，都把奖金视为最主要的手段，试图用金钱来激励员工。这种方法有一定的效用，特别是在执行初期，随着奖金的增加，可以看到明显的业绩提升。然而，随着时间的推移，当奖金达到某个临界点后，其激励效果就会逐渐减弱，甚至出现负面效应。即使企业不断增加奖金的额度，也难以让员工的热情和积极性保持高涨。

行为经济学告诉我们，人并非完全为了钱而工作。除了经济利益，人还有受尊重、归属感、自我实现等多种需求。如果员工在工作中得不到足够的认可和尊重，或者感到自己的才能没有得到充分发挥，他们可能会选择离开公司或降低工作投入。

不仅如此，社会比较和相对剥夺感也会对个体的行为产生影响。比如，当员工发现自己的奖金与同事相比存在显著差距时，他们可能会感到不公平和被剥夺，从而产生消极情绪，工作动力下降。

如果你是一名管理者，在激励员工时一定要综合考虑人的多种需求和心理因素，制订全面和有效的激励机制，如具有竞争力的薪酬福利、建立公平合理的评价体系、营造积极向上的工作氛围，以及提供职业发展和成长机会等，这样才能激发员工的工作热情与创造力。

78 怎样给面试官留下深刻的印象?

系列位置效应

人们记忆的保留会因顺序而改变,最先和最后接收到的信息更令人印象深刻。

假设有 10 名应聘者前来参加某工作岗位的面试,该面试需要轮流进行,且应聘者可以自行选择面试的次序。如果你是其中之一,你会选择第几个参加面试?

如果你觉得,选择作为"中间"的面试者更稳妥,那么你可能会错失良机。相关研究表明,无论是在有竞争对手的情况下进行演讲,还是参加演员试镜,最有可能通过的往往是"打头"和"收尾"的人。

之所以会出现这样的现象,与人的记忆情况密切相关。系列位置效应理论指出,当人们试图记住一些信息时,信息的"顺序"会对其在记忆中的留存程度产生影响。

所有的应聘者都只参加一次面试,可面试官却要面试十人或数十人,如果想被面试官记住,争取成为第一个面试者或最后一个面试者,胜出的概率会更大。因为最先和最后接收到的信息给人的印象更为深刻,这也是人们常说的"首因效应"和"近因效应"。

1. 首因效应

美国心理学家洛钦斯认为，第一次交往中给人留下的印象，会在对方的头脑中占据主导地位。

心理学家曾经通过各种实验，对首因效应进行过验证：

研究员将被试分为两组，向他们出示同一张照片。他们告诉 A 组被试，照片中的人是一位屡教不改的罪犯；告诉 B 组被试，照片中的人是一位著名的科学家。之后，研究员要求被试根据照片上的人的外貌特征，分析他的性格特征。

A 组被试的描述是："眼睛深陷，隐含着几分凶狠的杀气；额头高耸，带着几分不知悔改的决心。"B 组被试的描述是："目光深沉，可以透视出他的思维深邃；额头饱满，诠释出他钻研的意志。"

这个实验充分证明了首因效应的影响。第一印象的形成速度非常快，塔夫斯大学的心理学教授纳利尼·阿姆巴迪认为，这是人类为了生存而产生的一种快速判断环境危险与否的能力。人与人之间的接触越短暂，人们越倾向于依靠外在形象来评价他人。在日常交友、求职、谈判等社会活动中，不妨充分利用首因效应，把自己最好的一面展示出来。

2. 近因效应

德国心理学家赫尔曼·艾宾浩斯发现，最新接收到的信息会对决策产生极大的影响。

美国心理学家开展过一个实验，研究信息的先后顺序对人们的最终判断所产生的影响。

研究员撰写两段文字介绍同一个人，第一段文字将此人描述得外向热情，第二段文字将此人描述得内向冷淡。之后，把两段文字按照不同的顺序交给两组被试，请他们表达对此人的整体印象。

第一组被试先看到描述外向热情的文字，之后做了一些活动和游戏，再看描述内向冷淡的文字；第二组被试先看到描述内向冷淡的文字，之后做一些活动和游戏，再看描述外向热情的文字。结果显示，两组被试都更加倾向于保存着后一次介绍的印象，也就是说，最新的信息对他们产生了更大的影响。

系列位置效应告诉我们，最先和最后接收到的信息更容易影响人的决策。如果公司召开内部会议，要求五名同事轮流介绍自己的方案，选择第一个或最后一个做汇报，效果是最好的。那么，如果在第一个和最后一个之间做选择，哪一个更好呢？

如果会议结束后，领导要在当天进行最终的讨论并给出结果，根据"近因效应"，最后一个发表演说是最好的；如果会议结束后，领导要再度权衡并于下周给出结果，"首因效应"发挥的作用会更明显，因而选择第一个演讲更合适。

当然了，系列位置效应也可以反向使用。如果你不想参与某个活动，不希望自己被选中，就要尽量避开第一个和最后一个，选择一个不太引人注意的顺序，这样就不会太显眼。

79 如何卖出自己真正想销售的东西?

对比效应
人们在评价某一事物时，会受到其他相似事物的影响。

假设你是一家日料餐厅的老板，你店里的鲑鱼子很受客人喜欢。现在，你想把鲑鱼子推销给更多的客人，你觉得用什么样的方式最好？

直接推荐鲑鱼子？这并不是一个理想的决策。

如果你想推销鲑鱼子，你可以把它放在寿司上面，呈现出鱼子满溢的效果。但是，如果你用和寿司中数量相同的鲑鱼子制作成盖饭，会有更多的人选择鱼子盖饭。

其实，寿司和盖饭中的鱼子数量是一样的，可当两者摆放在一起时，人们还是倾向于选择容器大、看起来量更大的菜品。因为人们喜欢对事物进行比较，在评价某一事物时往往会受到其他相似事物的影响，这种影响可能来自同一类别的不同选项，也可能来自价格上的对比。在销售商品时，巧妙地利用比较效应，通常可以引导人们决策。

如果你是一家服装店的老板，你最想走量的产品是298元的羊毛衫，你该如何向客户推荐它呢？很显然，直接推销并不是最优策略，因为没有可对比的参照物。比较理想的方式是，把你真正想推销的商品放在第二位！你可以先向客户展示598元的羊毛衫，再向客户展示298元的羊毛衫，在价格的对比之下，客户就会觉得"第2件羊毛衫很便宜"。

这就是对比效应的作用，当人们看过了高价商品之后，再看价格便宜的商品，价格差异就会愈发凸显，从而让人产生购买欲望。当然，你也可以准备三种商品，在对比效应中融入"折中效应"，引导消费者选择中间价格的商品或服务。切记，不要给客户太多选择，这会让客户陷入决策瘫痪，难以做出选择。

80 如何把趣味变成一种替代性的回报?

替代性报酬

为了进行良性引导,可以通过提供替代性回报来改变人们的选择。

没有谁愿意做一些枯燥无趣的事情,一旦觉得某些事情很无聊或是很痛苦,人们就会不可避免地产生逃避的倾向。然而,很多事情眼下看起来是很烦琐、很辛苦,但它可以带来长远的、积极的收益。面对这样的情况,如何才能提高人们的行动意愿呢?

在乘坐地铁的时候,两边的自动扶梯总是挤满了人,而中间的楼梯却很少有人愿意走。虽然多数人都知道,在腿脚无碍的情况下,走楼梯可以增加活动量,有益于身体健康。无奈,人有趋乐避苦的倾向,道理心知肚明,可还是拗不过本能。

怎样才能让人们愿意走楼梯呢?瑞典斯德哥尔摩市某地铁站,把楼梯的台阶改成了琴键设计,每一级台阶都能发出声音,这样一个有趣的设计,让选择走楼梯的人增加了 66%。

这种非强制性的,通过提供"趣味性"等奖励作为回报,对人们的行为进行良性引导的方式,在行为经济学中被称为"替代性报酬"。

戏剧表演团"破碎蜥蜴"曾经围绕这一主题编写了一部名为《超级骑警》的电影，里面讲述了5个美国佛蒙特州骑警的故事，他们试图将游戏和恶作剧融入工作，聊以度日。

某寿司连锁店推出了一个游戏活动，顾客每点5盘寿司，可以兑换一个扭蛋玩具。为此，那些已经点了4盘寿司的顾客，往往都会再多点1盘。

枯燥不是任何事物的固有属性，如果能够想办法给一项辛苦却又有益的行为增加趣味性的回报，就可以促使人们自发地选择理想的行为。

81 日久生情的科学原理是什么?

曝光效应

某样事物出现的次数越多,人们越容易对其产生好感。

心理学家曾在某高校的女生宿舍楼里开展过一项实验:

研究员随机找了几个寝室,发给女生们不同口味的饮料,要求这几个寝室的女生,可以以品尝饮料为理由,在这些寝室间互相走动,但见面时不得交谈。

过了一段时间后,心理学家评估她们之间的熟悉和喜欢的程度。结果发现:见面的次数越多,被试相互喜欢的程度越高;见面的次数越少或根本没有,相互喜欢的程度就比较低。

人们往往更容易对经常出现在自己视野中的人产生好感,这种现象叫作曝光效应。在职场或社交场合中,通过主动与他人交流、互动,增加自己的曝光度,有助于提升他人对自己的好感度和信任度。

Z是一家科技公司的项目经理,他负责的新项目涉及多个部门,成员之间彼此不太熟悉,这在一定程度上影响了项目的协作效率和团队氛围。面对这一挑战,Z巧妙地运用了"曝光效应"来打破隔阂,促进团

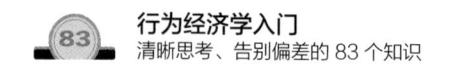

队成员之间的熟悉与信任。

（1）定期举行项目会议。

每周一次的项目会议，不仅是讨论项目进度和解决问题的平台，也是成员们分享工作心得和生活趣事的契机。面对面的交流让成员们有机会直接参与到讨论中，增进了解与互动。在会议中，Z鼓励大家积极发言，分享自己的见解和感受，这种开放和包容的氛围逐渐在团队中形成。

（2）组织团队建设活动。

从户外拓展到聚餐，再到团队游戏，Z组织了一系列团建活动，为成员们提供了在非正式场合中接触的机会，了解各自的性格和兴趣，拉近心理距离，以便在工作中更好地协作。

（3）充分利用沟通平台。

Z建立了项目专属的聊天群组，鼓励成员们在群组中分享工作进展、提出问题和建议。这种持续的线上交流不仅增加了成员们之间的曝光度，还为他们提供了一个随时随地进行沟通和协作的便捷渠道。

两个月后，Z的项目团队发生了明显的变化。成员之间的熟悉度和信任度得到了显著提升，他们在项目会议中的讨论更加积极和深入，协作效率也提高了。团队氛围变得更加融洽，项目的整体进度和质量都得到了改善，最终成功按时交付。

人们都喜欢自己熟悉的事物，曝光效应恰恰是利用了这一心理现象。想要职场之路走得更顺畅，努力工作必不可少，但也别忽略了"刷脸"的重要性。多在各部门走动一下，哪怕只是露个面、送个文件，这些细节的来往都可以在无形中提高你的人际吸引力。当然，在运用曝光效应时，也需要秉持适度原则，避免过度曝光或干扰其他人的工作和生活，这样就适得其反了。

82 为什么要把大目标切分成小目标?

目标梯度效应

当人们越接近一个目标时,完成这个目标的动力就会越强。

每当期末考试临近,K 都会感到前所未有的紧迫感,从而产生前所未有的学习热情。他会制订详细的学习计划,夜以继日地复习,只为在考试中取得好成绩。

H 小姐设定了减重 10 公斤的目标。减肥初期,她因为新鲜感充满动力,可随着时间推移,动力就开始减弱,但她并没有放弃。当体重秤上的数字接近目标时,H 小姐发现自己的动力突然倍增,又开始更加频繁地锻炼,严格控制饮食,只为尽快达成梦寐以求的体重。

N 常去的一家服装店推出每年一次的积分兑换活动,每 1000 积分可以抵 50 元现金。N 查看了一下自己过去一年的消费记录,大概有 5000 积分,这意味着可以抵现 250 元。如果不兑换的话,积分到月底就清零了。N 不想浪费这些积分,原本没有购物计划的她,径直到店里去选购了一些东西。

在现实生活中,当人们越接近某个目标时,完成它的动力似乎就越强。这种随着目标接近而动力增强的现象,被心理学家称为"目标梯度效应"。商家很喜欢利用这个效应,今天送一张优惠券,明天给一个会员折扣，后天又推出积分返现的活动，总能想办法缩短我们和目标之间的距离，让我们不停地下单。

我们能不能反向利用一下这个效应呢？当然可以！

1. 分阶段设定目标

要有效利用目标梯度效应，就得学会分阶段设定目标：把一个大目标分解为多个小目标，每个小目标都视为一个里程碑。每当你完成一个小目标时，都会感受到成功的喜悦和满足，激励你继续前进。

2. 利用视觉化进度增强目标感

你可以使用进度条、图表或日历等工具来跟踪目标的完成情况，这样可以直观地看到自己已经走了多远，离目标还有多远，这种视觉化的方式有助于增强对目标的感知，提升动力。

3. 用奖励机制激发内在动力

你可以为自己设定一些奖励，每当完成一个小目标或里程碑时，就给自己一些奖励。这些奖励可以是物质的，如一顿美食、一件新衣服；也可以是精神的，如一次旅行、一次自我提升的机会。奖励机制的存在，可以让你更加积极地追求目标。

4. 用已完成的部分增强信心

在实现目标的过程中，不要忽视自己已经完成的部分。每当你感到动力不足时，回顾一下自己已经取得的成果和进步。这会让你意识到自己已经走了很远，离目标越来越近。

83 自私自利，完全是消极的吗？

自利偏差

人们倾向于把成功归因于自己的能力和努力，将失败归因于运气和他人。

美国专栏作者戴夫·巴里曾说："无论年龄、性别、信仰、经济地位或种族有多么不同，有一件东西是所有人都有的，那就是在每个人的内心深处都相信，我们比普通人要强。"

当人们在加工与自我有关的信息时，为了追求一种积极的自我概念，常常会出现一种知觉偏差，倾向于认为自己各方面的表现都要高于平均水平。这种自利偏差有时会让人无法客观地看待自己、看清问题的根源，导致决策失误。不过，自利偏差之所以一直存在，也从侧面说明它对人类的生存是有价值的。

心理学家尼尔·劳斯和詹姆斯·奥尔森指出，将成功归因于内部，将失败归因于外部，可以增强人们的自我价值感，避免因为自己做得不好而感觉不快。

社会心理学戴维·迈尔斯说："认为自己比真实中的自我更聪明、更强大、更成功，这也许是一种有利的策略。对自我的积极信念，同样会激励我们去努力，并在困境中保持希望。"

既然自利偏差无法根除，我们不妨充分利用它的正向价值，多给自己一些积极的心理暗示。意念决定着行动，当我们时刻以自信和肯定的态度看待自己时，潜在的能量就会督促着我们走向更好的状态。

英国心理学家哈德·菲尔德曾经做一个实验：在三种不同的情况下，让3个人用力地握住测力计，以观察握力的变化。实验结果显示：在清醒的状况下，3个人的平均握力只有100磅；当他们被催眠，认为自己很虚弱时，握力变成了29磅，仅为正常握力的1/3；当他们被催眠并被告知他们很有力量时，他们的平均握力则达到了140磅！

这个实验印证了一个事实：当人们的内心充满积极的想法时，会迸发出更大的力量。

遗憾的是，我们并不常向自己传达积极的信息，很多时候我们和自我的对话，都是关于缺点的。事实上，在多数情况下，我们并不像自己想象中那样糟糕。我们需要改善的是与自己对话的内容，把消极的暗示换成积极的信息。

所有能够激励我们思考和行动的语言，都可以成为自我提示语。当你经常运用这些词的时候，它就会成为你自我信念的一部分，潜意识也会映射到意识中来，让你用积极的心态来指导思想、操控行为。

当在面临一项工作挑战时，你可以用积极的暗示给自己信心，减少畏难情绪：

——"只要多收集一些资料，我肯定能找到突破口。"

——"这任务确实有难度，但也是挑战自我的机会，我要尝试一下！"

——"我处理过比现在更复杂的问题，有什么可担忧的呢？"

在行动过程中，也要及时地给予自己积极暗示，让自己更有信心完成剩余的工作，并明晰完成任务后能获得的益处。当一切都变得很积极、很明朗时，自然就可以减少负面的情绪。

从现在开始，不要反复琢磨你不愿意发生的事情，当脑海里充盈着那些消极的想法时，得到的往往也不会是什么好的结果。消极的想法会加重负面情绪，阻碍你的潜能发挥，让你无法客观理性地思考，无法专注地、竭尽全力地去处理眼下的问题。试着把你的注意力引导至那些你想要的、有价值的事物上去，用好的想法和感受来改变自己的生活。